Luxemburg

Meine Lieblingsplätze

Die Corniche
An einem heißen Sommerabend, wenn unten in der Abtei Gitarrenmusik erklingt.
-> S. 28

Die Obersauer
Wer sich wirklich entspannen will, kann das hier in behaglicher Natur. Ein Geheimtipp, der durch diesen Hinweis hoffentlich nicht hinfällig wird.
-> S. 86

Pétange
Der Industriepark mit seinen in schönstem Verfall begriffenen Bauten und Maschinen. Sic transit gloria.
-> S. 123

Liebe Leserin, lieber Leser,

wahrscheinlich ist kein europäisches Land derart oft in den Nachrichten und doch so unbekannt wie Luxemburg. Als Sitz europäischer Institutionen ist Luxemburg zwar in unser aller Leben präsent, aber wie vielfältig und in jeder Hinsicht reich unser Nachbarland ist, ist auch uns erst bei der Vorbereitung dieses Heftes klar geworden.

Luxemburg ist ein Zwischenland. Vier deutsche Herrscher stammten aus dem Geschlecht der Luxemburger, im 19. Jahrhundert gehörte der Kleinstaat zum Deutschen Bund. Aber zumindest in der Hauptstadt ist eine Affinität zu Frankreich unübersehbar. Ein Zwischenland, das zugleich kosmopolitisch und verträumt ist, das Tradition und Experiment verbindet, dessen Menschen so rational wie sinnlich sind. Einer von ihnen ist Regierungschef Jean-Claude Juncker, der uns im Gespräch überzeugte, dass wir – und Luxemburg – nur in einem vereinten Europa Zukunft haben.

Auch wegen dieser weltoffenen Haltung ist sein Land Anziehungspunkt für Menschen aus allen Kulturen, die ihre Erfahrungen mitbringen und das Land prägen. Sie fühlen sich wohl in einem Land, das all dies Internationale selbstbewusst und freundlich aufnimmt. Auch deshalb hat Luxemburg in diesem Jahr das Hauptthema Migration als Kulturhauptstadt Europas gewählt. Und diese Auszeichnung trägt es – wen wundert's? – bereits zum zweiten Mal.

Sie alle haben ein Land gestaltet, dessen tausendjährige Geschichte darauf wartet, entdeckt zu werden. Demnächst auch von Ihnen.

Herzlich, Ihr

Andreas Hallaschka
MERIAN-Chefredakteur

IN LUXEMBURG UNTERWEGS

HANDWERKER Jörg Modrow (links) fotografierte die Stadt von allen Seiten und traf Menschen wie den Bildhauer Wil Lofy **Seite 16**

ARCHITEKTIN Petra Mikutta begegnete den Menschen, die das Europazentrum Kirchberg planen und bauen. Ihr Eindruck auf **Seite 42**

LICHTKÜNSTLER Hans-Joachim Ellerbrock fuhr über Land und entdeckte für uns Luxemburgs stille Seiten **Seite 86**

INHALT

Luxemburg

SEITE 60 **HEIM UND HEIMWEH**
Viele Portugiesen kommen mit großen Hoffnungen in die neue Heimat – und werden die Sehnsucht nach dem Süden trotzdem nicht los

MERIAN | Reise-Service ab Seite 115

Am Abend, wenn die Pendler fort sind, geht den Luxemburgern ein Licht auf. Es wird gemütlich im Weltstädtchen

SEITE 42

LEUCHTKÖRPER

Die Philharmonie von Christian de Portzamparc ist der vorläufige Höhepunkt des Architekturensembles im Europazentrum Kirchberg. Unser Titelbild zeigt sie von innen

SEITE 54 **VISIONÄR**

Jean-Claude Juncker kämpft für ein geeintes Europa. Mit guten Argumenten und klaren Worten

SEITE 16+28

AUF UND AB

Oben auf den Felsen und unten im Tal: zwei Welten in einer Stadt, einander lange fremd und strikt getrennt. Heute feiern Altstadt und Grund Verbrüderung

SEITE 86

BURGEN-LAND

Manche der Trutzbauten im Lande sind Ruinen, andere, wie die Burg von Vianden, sind neu erstanden. Und Teil einer märchenhaften Landschaft

1964 erschien das erste MERIAN über Luxemburg

DER ZWEITE BLICK
Überhöhte Festung

William Turner reiste, so oft er konnte, durch Europa und malte, zeichnete, skizzierte. Das Luxemburg-Bild oben schuf er allerdings nicht vor Ort, sondern 1825 in London, acht Jahre, nachdem er die preußische Festung zum ersten Mal besucht hatte. Auf seinem Gemälde erscheinen Berg und Tal von ungeheurem Ausmaß und geradezu alpinem Zuschnitt. Der Grund dafür liegt allerdings nicht in der zunehmend expressionistischen Manier Turners und auch nicht in einer märchenhaften Überhöhung des Sujets. Schuld war vielmehr das Militär: Luxemburg, das **„Gibraltar des Nordens“**, war streng bewacht und durfte auf keinen Fall gezeichnet werden. Hätte Turner seine Staffelei aufgestellt oder auch nur sein Skizzenbuch ausgelegt, er wäre sofort verhaftet worden. So musste er Papier und Stift unter dem Mantel verbergen und die wenigen Augenblicke abwarten, in denen die Soldaten ihm den Rücken kehrten. Dann konnte er schnell und ohne hinzuschauen ein paar Striche festhalten, um sofort wieder ein unbeteiligtes Gesicht aufzusetzen. Als er nach langer Zeit die Unterlagen sichtete, kam zu deren zwangsläufiger Ungenauigkeit noch hinzu, was den meisten Luxemburg-Besuchern widerfährt: In der Erinnerung erscheint die zerklüftete Stadtanlage den meisten viel dramatischer, als sie in Wirklichkeit ist. Als Turner **1839** wieder an die Alzette kam, waren die Soldaten weit weniger streng – und die Felsen schon um einiges niedriger (Bild rechts).

Die Flagge
Streitfall

Rot-Weiß-Blau sind die Landesfahnen, aber das Blau ist etwas heller als das der Holländer, die bis 1890 **Luxemburg beherrschten.** Heute wollen viele Luxemburger wieder ihren roten Löwen sehen, am liebsten auf weiß-blauem Grund, wie er schon vor 800 Jahren flatterte. Ein Thema für heftige Salondebatten.

Sprache
Wilde Zeiten

Ab dem 5. Jahrhundert kamen die **Angeln und Sachsen** auf ihrem Weg nach Britannien die Nordseeküste herunter: Im heutigen Belgien und Holland taten die dort ansässigen **Franken** das, was man angesichts der wüsten Burschen aus dem Norden nur tun konnte: **Sie nahmen die Beine in die Hand und wichen nach Südosten aus in das Gebiet zwischen Sauer und Mosel.** Dort wurde noch allenthalben Vulgärlatein gesprochen, zum Teil sogar bis ins 11. Jahrhundert. Die fränkischen Vorfahren der Luxemburger konservierten ihre Sprache (manche sagen: ihren Dialekt), der man noch heute ihre Wanderung anmerken kann: So übernahmen sie von den Nordlichtern das *hien* (für „er“, engl. *he*) in ihr heutiges Moselfränkisch und gaben ihnen das *Knäipschinn*, das zum englischen *knife* (Messer) wurde.

Springprozession

Heilendes Hüpfen

Bald 1300 Jahre ist es nun her, dass der angelsächsische **Mönch Willibrord, Gründer der Abtei Echternach,** dortselbst begraben wurde. Ihm zum Gedenken wird hier zu Pfingsten springend gegen Epilepsie prozessiert. So jedenfalls soll die seltsame, stundenlange Fortbewegung entstanden sein: als **Fürbitte gegen die Fallsucht**, wie die Hirnerkrankung früher hieß.

Evangeliar

Goldene Lettern

Ein einfacher Arbeiter im Weinberg des Herrn wolle er sein, sagte Papst Benedikt XVI. bei Antritt seines Pontifikats. Was das bedeutet, kann man in Echternach nachschlagen. Das um 1030 im Skriptorium der dortigen Abtei in goldenen Lettern geschriebene Evangelienbuch gibt unter anderem das Weinberggleichnis (unten) in reichen Details wieder. Allerdings muss sich der Betrachter mit einer Kopie begnügen. Das Original liegt im Germanischen Nationalmuseum in Nürnberg.

Daten

Radiostadt Luxemburg
2007 ist es 50 Jahre her, dass Radio Luxemburg mit dem legendären deutschsprachigen Programm auf Sendung ging.

Kulturstadt Luxemburg
Zwei olympische Medaillen gab es 1924 in Paris: in den Disziplinen Malen und Bildhauerei.

Universitätsstadt Luxemburg
Erst seit 2003 wird auf dem Kirchberg studiert, bis vor kurzem hatte jeder Akademiker Auslandserfahrung.

Alt-Luxemburg

Ewiger Zweig

Brindille, Zweiglein, hieß das Dekor dieser Kaffeekanne, als es in Frankreich kreiert wurde. Die Manufaktur, die es schuf, existiert längst nicht mehr, auch der Name verging. Aber das zarte Pflänzchen blüht bis heute. Um **1770 übernahmen es die Gebrüder Boch, die kurz zuvor die erste Keramikmanufaktur Luxemburgs eröffnet hatten**. Bis heute ziert der Nachfolger Villeroy & Boch eine Geschirrserie mit dieser Zeichnung, die nun **Alt Luxemburg** heißt. Und seit 1970 trinken die Auslandsvertretungen des Landes aus solchen Tassen.

KULTURHAUPTSTADT

Europas harter Kern

Als die griechische Kulturministerin Melina Mercouri anregte, in jedem Jahr eine Europäische Kulturhauptstadt zu ernennen, da war klar, dass 1985 Athen den Anfang machen würde. Dann folgten Florenz, Amsterdam, Berlin, Paris. Aber bald wurde offensichtlich, dass die Vergabe nach kulturellem Schwergewicht ungerecht wäre: Dann gäbe es ständig italienische Preisträger und selten dänische. Solche Gerechtigkeit hat allerdings zur Folge, dass man etwa von den Kulturträgern der letzten Jahre, Cork/Irland und Patras/Griechenland, in weiten Teilen Europas kaum etwas bemerkte. Das wird nun anders, denn **Luxemburg und das Umland aus Lothringen, Saarland, Rheinland-Pfalz und Wallonien sind historisch, geografisch und ethnisch Europas harter Kern**. Entsprechend groß ist die Fülle der Themen, die sich die einzelnen Regionen zur Grundlage ihres Programms gemacht haben. In Deutschland wird das Saarland mit dem Welterbe der Völklinger Stahlhütte für Industriegeschichte stehen, während sich Rheinland-Pfalz mit der alten Gallierstadt Trier um historische Persönlichkeiten von Konstantin bis Karl Marx kümmert. Luxemburg liegt im Zentrum des Ganzen und widmet sich dem Thema Migration. Seit der Eröffnung im Dezember 2006 entfaltet sich ein gewaltiger Reigen von Veranstaltungen im dem kleinen, internationalen und multikulturellen Land.
Mehr unter **www.luxembourg2007.org**

Kleines Land der großen Köpfe. Parade zum Beginn des bunten Jahres: Luxemburg ist zum zweiten Mal Kulturhauptstadt

Fußball

Sportnation

In der Weltrangliste der Fußball-Nationalmannschaften liegt Luxemburg noch hinter den Teams von Lesotho oder Andorra. Dennoch hält die Nationalelf einige Rekorde: Sie schaffte es, von 1980 (3:2 gegen Südkorea) bis 1995 (1:0 gegen Malta) in 77 Spielen nicht einen einzigen Sieg und nur vier Unentschieden zu erringen. Unter den 17 Siegen, die die Equipe seit 1911 verbuchen konnte, waren allerdings auch Überraschungen wie das 2:1 gegen Holland 1963 oder das 2:1 gegen Deutschland 1939. Höchster Sieg: 6:0 gegen Afghanistan 1948; höchste Niederlagen: je 0:9 gegen England 1960 und 1982 sowie gegen Deutschland 1936. Statt im Fußball reüssiert man lieber im Radsport – bereits viermal triumphierten Landsleute bei der Tour de France: François Faber 1909, Nicolas Frantz 1927 und 1928 und Charly Gaul 1958

Köpenickiade **Schusters** Ende

Als Wilhelm Voigt 1922 in Luxemburg zu Grabe getragen wurde, sollen ein paar französischen Soldaten die Trauernden gefragt haben, wer denn hier verabschiedet würde. Man sagte ihnen, das sei der Hauptmann von Köpenick – und die Uniformierten standen stramm. Seine Nummer wirkte noch immer. **1906 hatte der Schuster mit geliehener Uniform und auf der Straße rekrutierten Soldaten die Stadtkasse von Köpenick geklaut,** war sofort verhaftet worden und setzte sich nach drei Jahren Gefängnis nach Luxemburg ab. Dort wurde er zum Star und vermarktete seine Geschichte nach Kräften, durch Zirkusauftritte und den Verkauf handsignierter Postkarten. Das scheint sich gelohnt zu haben, denn im Gare-Viertel, wo Voigt bis zu seinem Tode lebte, fuhr er mit einem schicken Sportwagen umher.

072.V103 S&FB
Weil jedes Kind
Mit bis zu acht Sitzen und bis
► Nicht nur im All komm
es bei der Ausrüstung auf jede
Kubikzentimeter an. Sondern auc
auf Erden. Gut, dass der Vian
S OL 7348
www.mercedes-benz.de

umfahrer werden will. Der Viano.
610 Liter Ladevolumen.
nit bis zu acht Sitzen genügend
Raum für die Besatzung bietet. Bei
kleineren Crews lassen sich die
Sitze auch einfach ausbauen. So ent-
stehen bis zu 4.610 Liter Laderaum
für all das, was Sie aus fernen
Welten mit nach Hause bringen.
So schön kann ein Van sein.
Mercedes-Benz

★ ★ ★ ★ ★ ★

Das Land der Schlichter und Banker

Größter Kleinstaat, höchstes Einkommen und enormer Alkohol- und Benzinverbrauch: Rekorde zuhauf

Text: Marcus Stölb

Luxemburg zeigt Flagge als Hauptstadt von 487 Millionen Europäern: Das Sternenbanner prangt am großherzoglichen Palais

„Mir wölle bleiwe, wat mir sin", sagt der Luxemburger. Was er nicht sein will, verrät er auch: weder Franzose noch Belgier, geschweige denn „Preise", wie die Deutschen hier noch immer genannt werden. Was dann? Selbstgenügsamer Mustereuropäer oder polyglotter Provinzler, kosmopolitischer Royalist oder kaufkräftiger Kleinstaatler? Der Luxemburger, das unbekannte Wesen? Nicht wirklich! Wer hier geboren wird, ist rasch bekannt. Das ist nicht verwunderlich in einem Land, in dem jeder behauptet, jeden zu kennen. Wer heute noch Dorfbürgermeister ist, kann morgen schon Außenminister sein – in Luxemburg ist das möglich.

Der nach Malta zweitkleinste EU-Staat ist nur 17 Quadratkilometer größer als das benachbarte Saarland, zählt aber deutlich weniger Einwohner: Rund 460 000 Menschen leben zwischen Mosel, Sauer und Ardennen. Wäre Luxemburg nicht schon das einzige, es wäre mit Sicherheit das kleinste Großherzogtum.

Doch kein zweites Land versteht es auch besser, mit seiner Überschaubarkeit zu wuchern. Ob in Bosnien oder im Kosovo, in Kabul oder im Kongo – überall ist Luxemburgs Armee im Einsatz. Jetzt peilt man gar einen Sitz im Weltsicherheitsrat an: 2013/2014 will Luxemburg dort vertreten sein – als nichtständiges Mitglied, versteht sich.

Dabei profiliert sich der friedliebende Kleinstaat auch ohnedies als diplomatische Größe. Jeglicher Hegemonialgelüste unverdächtig, ist man vor allem in Brüssel gefragt. Droht ein EU-Gipfel am Knatsch der „Großen" zu scheitern, sind es oft die Luxemburger, die vermitteln.

Das nährt das ausgeprägte Selbstbewusstsein, Vorzeige-Europäer zu sein. Schließlich ist die Kapitale des Großherzogtums, neben Brüssel und Straßburg, EU-Hauptstadt. Der Europäische Gerichtshof hat hier seinen Sitz, das Generalsekretariat des Europaparlaments und die Europäische Investitionsbank ebenso. Und dass Robert Schuman in Luxemburg geboren wurde, erfüllt hier jeden mit Stolz. Schade nur, dass der französische Regierungschef und Außenminister kein Luxemburger war und als Franzose in den Geschichtsbüchern firmiert.

Auch Jean-Claude Juncker pflegt die Rolle des Mustereuropäers. Doch der Premier, den sie hier „Staatsminister" nennen, verkörpert auch das, was den Luxemburger und damit auch den luxemburgischen Politiker ausmacht: mit allen können, mit niemandem im Clinch liegen – zumindest nicht auf Dauer. Damit das gelingt, kreierte man das Luxemburger Modell: In der so genannten „Tripartite" werden alle großen Reformvorhaben gemeinschaftlich ausbaldowert. Regierung, Gewerkschaften und Unternehmer sitzen mit am Tisch. Rasender Stillstand ist damit programmiert, doch die „Tripartite", die sich erstmals in der großen Stahlkrise der 1970er Jahre bewährte, soll zuerst dafür sorgen, dass der soziale Frieden gewahrt bleibt.

Dabei scheint der eh nicht in Gefahr in einem Land, in dem Löhne und viele Sozialleistungen automatisch an die Inflation angepasst werden. Und in dem Feiertage, die auf einen Sonntag fallen, auf den Montag verschoben werden. Auch der gesetzliche Mindestlohn von fast 1600 Euro lässt die Streikbereitschaft im Land mit dem höchsten Pro-Kopf-Einkommen der EU gegen Null tendieren.

Selbst der konservative Premier würde das „Luxemburger Modell" nie in Frage stellen. So wie auch nahezu niemand im Land die Monarchie abschaffen will. Dabei hat

★ ★ ★ ★ ★ ★

der Ruf des Hofs in jüngerer Vergangenheit arg gelitten.

Denn als Großherzog Henri erst große Wälder und dann den Schmuck seiner verstorbenen Mutter verhökern wollte, rief das den geballten Protest der Untertanen hervor. So groß war der Unmut, dass der Herrscher sich vor dem Volk rechtfertigen und die Vorhaben schließlich stoppen musste. Zurück blieben Zweifel, ob der Hof wirklich so wohlhabend ist, wie allenthalben kolportiert wird. Sei's drum, die Luxemburger verehren ihre „Großherzogs", wie die Herrscherfamilie hier liebevoll genannt wird.

Selbst Kritiker räumen ein, dass der Hof enorm wichtig für den nationalen Zusammenhalt ist. Schließlich drohen die Luxemburger im eigenen Land marginalisiert zu werden. Der Ausländeranteil liegt bei 40 Prozent, in der Hauptstadt stellen Einheimische gar die Minderheit. An Werktagen pendeln zudem rund 120 000 Belgier, Franzosen und Deutsche ins Land – und verschärfen so das babylonische Chaos.

Dabei beherrscht praktisch jeder Bewohner mehrere Sprachen; was kaum überraschen kann, kennt das Großherzogtum doch gleich drei offizielle Landessprachen: Französisch, Deutsch und die eigentliche Muttersprache Lëtzebuergesch. Doch oft treibt die Dreisprachigkeit auch seltsame Blüten. So debattiert das Parlament auf Lëtzebuergesch französische Gesetzestexte, worüber die Zeitungen hernach auf Deutsch berichten werden. Bei Auswärtigen kann es derweil zu Orientierungsproblemen kommen, denn fast jeder Ort kennt zwei, oft sogar drei Namen. Wer nach Düdelingen will, fährt am besten nach „Diddeleng" und erreicht doch „Dudelange"; in jedem Fall ist er dann in der viertgrößten Stadt des Landes angekommen.

In Luxemburg ist eben alles eine Frage des Maßstabs. Das Land belegt aber auch Spitzenpositionen. Glaubt man der Weltgesundheitsorganisation (WHO), dann sind die Luxemburger ein Volk von nikotinsüchtigen Zechern. Nirgends sonst in Westeuropa liege der Pro-Kopf-Konsum von Tabak und Alkohol höher, sagt die WHO. Was sie nicht sagt: Dank niedriger Steuern raucht und trinkt es sich in Luxemburg besonders günstig, weshalb Abertausende Belgier, Franzosen und Deutsche hier ihren Bedarf decken. Und weil man sich niedrige Höchstpreise für Sprit leistet, reisen täglich zehntausende Tanktouristen ins Land. Das verhagelt zwar die Klimabilanz, freut aber den Fiskus: Bei jedem Liter Treibstoff verdient er mit.

In Zapfsäulen-Hochburgen wie dem Grenzort Wasserbillig herrscht deshalb dicke Luft, doch auch die Regierung gerät zunehmend in die Bredouille: Weil Luxemburg seine Kyoto-Verpflichtungen weit verfehlt, wird es sich nun mit teuren Emissionszertifikaten eindecken müssen. Am Tanktourismus will man festhalten – solange es sich noch rechnet. Und aufs Rechnen versteht man sich bekanntlich in Luxemburg, einem der bedeutendsten Finanzplätze Europas.

Doch im vergangenen Jahr verkalkulierte man sich gewaltig: Kaum hatte der indische Stahlmagnat Lakshmi Mittal zur feindlichen Übernahme des Stahlkonzerns Arcelor geblasen, da formierte sich auch schon der luxemburgische Volkszorn. Denn Arcelor war nicht irgendein Unternehmen, sondern der industrielle Stolz des Landes. „Mir wölle bleiwe, wat mir sin", sagte sich auch die Arcelor-Spitze – und zog dennoch den Kürzeren.

Im Großherzogtum ist man seither um eine Erfahrung reicher: Die Globalisierung macht auch vor Luxemburg nicht Halt. □

Marcus Stölb *berichtet als Redakteur von Trier aus über die europäische Großregion und Luxemburg.*

AUF HOHEN FELSEN UND AUF GROSSEM FUSS

In Europas kleinster Metropole trifft sich die Welt. Und genießt hoch oben ihren glänzenden Auftritt

Text: Susanne Strätz
Fotos: Jörg Modrow

Foto Toni Wagner

Auf dem Boulevard Roosevelt setzt die „Goldene Frau" dem freien Land die Krone auf. Seine Unabhängigkeit feiert Luxemburg unbändig – jedes Jahr am 23. Juni

FEIERABEND & FESTMENÜ

Deutsche Reichhaltigkeit und französische Raffinesse auf einer Speisekarte: typisch Luxemburg

Die Place d'Armes am Abend: ein riesiges Freiluftrestaurant für jeden Geschmack. Die feine Académie gehört zu den besten Häusern der Stadt, Fastfood gibt's nebenan

Flohmarkt: Kriegerische Lektüre auf der Place d'Armes, dem Waffenplatz

ANTIKES & ANTIQUIERTES

Die alten Winkel sind herausgeputzt und bleiben dennoch, was sie sind: lebendige Heimat

Glanzparade mit Vergangenheit: Durchgang zur Place Guillaume

„Mir wölle bleiwe, wat mir sin": Motto der Stadt an ihrem ältesten Platz, dem Fischmarkt

Schokolade macht glücklich – und an jeder Ecke gibt's Patisserien, die Leckermäuler ins Land locken

Wilhelm II., Großherzog von Luxemburg 1840-1849 und König der Niederlande, wacht über das Rathaus an der Place Guillaume

PRALINÉS & PRACHTBAUTEN

Manches Naschwerk übertrifft die repräsentativen Gebäude der Stadt an Stil und Geschmack

Vizebürgermeister Xavier Bettel an einem seiner Arbeitsplätze: dem Stadtparlament

Es ist voll hier. Jeder Tisch ist besetzt. „L'eau plate ou gazeuse?", fragt der Kellner. Man hört ihn kaum durch das vielsprachige Stimmengewirr. Rechts sitzen Engländer – oder sind es Schotten? Links spricht man Italienisch. Die Leute zwei Tische weiter sprechen Spanisch, sie scheinen aus Südamerika zu kommen. Doch wenn sich der Kellner an sie wendet, sprechen alle Gäste Französisch.

15 Minuten zuvor war das Bistro noch ebenso leer wie die Straßen. Es ist ein Wochentag in einer Stadt, in der die Arbeitslosenrate bei vier Prozent liegt. Gegen zwölf Uhr füllen sich die Straßen innerhalb weniger Minuten. Die meisten Männer tragen schwarze oder blaue Anzüge, die Frauen Kostüm. Vom Boulevard Royal, der Ringstraße um die Altstadt, kommen sie, wo eine Bank neben der anderen ihren Sitz hat. Sie kommen über die große Place d'Armes, biegen in die Grande-Rue ein, die Haupteinkaufsstraße und Flaniermeile Luxemburgs.

Mittagspause für die ganze Welt: Elf Prozent der Arbeitnehmer in Luxemburg-Stadt arbeiten im Finanzwesen und gut 44 Prozent kommen aus dem Ausland, die meisten aus dem europäischen Ausland. Doch nur ein Bruchteil wohnt auch hier. 85 000 Einwohner hat Luxemburg, unter der Woche tummeln sich tagsüber 200 000 Menschen in der Stadt. Die zusätzlichen 115 000 kommen aus den umliegenden Städten und Dörfern oder aus dem nur 20 Zugminuten entfernten Frankreich, aus Belgien oder Deutschland. Die Löhne und Jobs sind besser in Luxemburg.

Ohne die Ausländer wäre die Stadt nicht, was sie ist: eine sehr kleine und zugleich sehr kosmopolitische Metropole. Fremde, Ausländer, Anderssprachige gab es in Luxemburg schon immer. Denn die alte Festungsstadt wurde immer wieder von fremden Mächten besetzt. Um den ewigen Kampf um die Stadt zu beenden, verfügte schließlich 1867 der Londoner Vertrag, die Festung des von da an unabhängigen Staates zu schleifen. Kurz darauf kamen die ersten Banken. Aber erst mit den Wachsen der EWG wurde das Land seit den sechziger Jahren internationaler Bankenplatz.

Eine Ausbildung als Banker ist in Luxemburg so normal wie anderswo die Friseurlehre. Deshalb schlug auch Thorunn Egilsdottir zuerst diesen Weg ein, bis sie merkte, dass sie lieber Takte zählte als Scheine. Die strohblonde Luxemburgerin mit isländischen Eltern bewarb sich beim Fernsehen. Ein guter Entschluss, denn da passt das sympathische, sprachbegabte Plappermaul viel besser hin – isländisch, französisch, deutsch, englisch, italienisch, spanisch und serbokroatisch – alles kein Problem für Thorunn. Auf Lëtzebuergesch moderiert sie für RTL eine Musiksendung. Und das liegt ihr beson-

Altehrwürdige Bauten hinter Glas: das Museum für Stadtgeschichte in der Rue du Saint-Esprit

FASSON & FASSADE

Adrette Advokaten und Banker bestimmen das Bild einer Stadt, die sich in Schale geworfen hat

Wahrzeichen der Stadt: der Turm der Sparkasse hinter dem Pont Adolphe

BOULEVARDS & BRÜCKEN

Durch Schluchten getrennt und doch verbunden: Die Altstadt und das Tal der Petruß wachsen zusammen

ders, denn die 32-Jährige macht selbst gut hörbare Popmusik, mit der sie in Luxemburg auch Erfolg hat.

Eigentlich müsste sie umziehen, nach Frankreich oder England, der Karriere wegen. Aber sie will nicht weg. „Ich fühle mich hier so sicher, alles ist klein und überschaubar. Außerdem habe ich meine Pferde hier." Nach Island zu gehen, wo sie als Teenager ein paar Jahre lang lebte, kommt auch nicht in Frage. Auch wenn sie die Menschen dort lieber mag, weil sie weniger negativ sind. „Die Luxemburger sagen meist erst einmal ‚das geht nicht'."

Und man ist hier ein bisschen spießiger als in anderen Städten – ausgeflipptes Äußeres ist nicht gern gesehen in Luxemburg, selbst wenn man Popmusik moderiert.

In der Tat, Jugendliche mit verrückten Klamotten oder bunten Frisuren sucht man in Luxemburg vergebens. „Naja, ein paar Punks gibt es schon, im Sommer sitzen sie meist im Park hinter dem Boulevard Royal", sagt Mireille Rahmé. Dass sie irgendwann wieder hier in dieser „Kleinstadt" wohnen würde, hätte sich die 48-jährige Geschäftsfrau nicht träumen lassen, als sie zum Studium ihre Stadt verließ, nach Paris und später nach Saudi-Arabien ging. „Es war mir alles zu eng und klein." Jahre später kehrte sie mit ihrem Mann, einem libanesischen Arzt, und ihren drei Kindern nach Luxemburg zurück. Heute lebt Mireille Rahmé wieder gern hier. „Alle sind so normal."

Ähnlich geht es auch Xavier Bettel, dem Alleskönner im Luxemburger Rathaus. Der smarte Anwalt mit dem ordentlich zurückgekämmten dunklen Haar ist Vizebürgermeister, zuständig für Ausländerfragen, und Abgeordneter im Parlament. Er hat seine eigene wöchentliche Talkshow „Sonndes em 8" auf dem Privatsender T.TV und seine Kanzlei. „Ich liebe meine Stadt, deshalb bin ich auch in die Lokalpolitik gegangen", sagt der 34-jährige Luxemburger mit russischen Wurzeln – Familie Rachmaninow mütterlicherseits. „Märklin-Stadt" nennt er Luxemburg. Wenn man an der Corniche, dem Aussichtsplateau am Rande der Altstadt, steht und den Fels hinunter in die Vorstädte Grund und Clausen blickt, kann man beobachten, wie in der Ferne ein Zug über die Brücke fährt, im gegenüberliegenden Felsen verschwindet, um eine Minute später wieder auf der nächsten Brücke zu erscheinen. Bettel hat Recht: eine Spielzeuglandschaft.

Von seinem Büro im Rathaus sieht Xavier Bettel auf die Place Guillaume mit der imposanten Reiterstatue – auch eine Aussicht, die er liebt, hier sieht man Luxemburger und Touristen und manchmal auch den Regierungschef oder den Großherzog flanieren. Im Großen und Ganzen, sagt Bettel, gebe es für ihn keinen besseren Ort zum Leben. Trotzdem will er noch einiges verändern in seiner Stadt. „Wir brauchen wieder mehr Wohnraum in der Innenstadt, sie ist ja nachts fast tot. Und ein Freibad wäre schön. Und man müsste kleine Boote auf der Alzette fahren lassen. Und ..." Sein Telefon klingelt, er wird zur Sitzung der Demokratischen Partei erwartet.

Am Abend wird es ruhig in Luxemburgs Innenstadt. Um sechs schließen die Geschäfte und die Banken, nur in den Restaurants ist noch etwas los. In der Apoteca bei Damien Klein etwa, nur wenige Meter vom Bockfelsen entfernt. Hier schwingt der 26-Jährige zu harten Rhythmen seine Kochlöffel: Rock-Küche nennt er seinen Stil, dabei sieht er mehr aus wie ein Hip-Hopper, mit den weiten Hosen, dem spitzen Kinnbärtchen und den verwuschelten schwarzen Haaren. „Beim Kochen lasse ich meiner Phantasie freien Lauf", sagt er. Und dann zaubert er schon mal ein Kaninchen in Lakritzsoße aus dem Hut. Das würde sich kaum ein anderer trauen. Schon gar kein Landsmann.

Trotzdem scheint sein Stil den Nerv der Zeit zu treffen, die Apoteca ist jeden Abend voll. Das Kaninchen in Lakritzsoße ist der Renner, bei den Engländern am Nachbartisch – oder sind es Schotten? –, bei den Italienern, den Spaniern.

Nur etwas ist anders als am Mittag: Ein wenig hat sich die internationale Welt zurückgezogen, und von manchen Tischen klingt es exotisch: Man spricht Lëtzebuergesch. □

Gut essen ist Ehrensache: Am Abend ziehen sich die Städter in ihre Restaurants zurück

AM FUSS DER FELSEN LIEGT

Grund und Clausen im Tal der Alzette
waren lange arme Kellerkinder.
Jetzt treten sie ins Rampenlicht

EIN GRUND ZUM FEIERN

Text: Susanne Strätz
Fotos: Jörg Modrow

Der Grund ist bunt: Blick von der Alzette auf die Altstadt und die Corniche, den schmalen Felspfad, der an ihr entlang führt

Foto: Jan Peter Boening

Als die Mönche gingen, wurden ihre Zellen umfunktioniert: Die Abtei wurde im Jahr 1869 ein Männergefängnis. Mittlerweile blüht der Garten wieder und Musik klingt in den Mauern – fast jeden Tag

LEBENSLUST & LEBENSLÄNGLICH

In der Abtei von Neumünster saßen einst Verbrecher ein, heute schlägt hier, in schönster Lage, das kulturelle Herz der Stadt

IDYLL & IDEALISTEN

Die Unterstadt mit ihren Kneipen war schon immer Quartier der Künstler und der kleinen Leute

Von der Corniche aus sehen die kleinen Häuser dort unten beschaulich aus. Sie drängen sich zwischen die Felsen der Oberstadt und das gegenüberliegende Plateau am Ufer der Alzette. Dann fährt der Fahrstuhl im Felsen hinunter in Luxemburgs Souterrain. In das Verlies, den Untergrund.

Ein Keller seit Jahrtausenden: Im zweiten Jahrhundert ließen sich die ersten Siedler am Ufer der Alzette nieder und schufen den Ursprung der Stadt, lange bevor die *Lucilinburhuc* auf dem Bockfelsen entstand.

Erst danach, erst als es zum Unten auch ein Oben gab und die Stadt in der Höhe zur Festung auswuchs, wurden Grund und Clausen, die Siedlungen am Fuße des Bockfelsens, zu berüchtigten Armenvierteln. An der Alzette

So beschaulich kann eine Hauptstadt des vereinten Europas sein: Wohnhäuser an der Alzette

Wil Lofy arbeitet seit bald 30 Jahren an seinen Skulpturen und altert mit ihnen. Kollegin Florence Hoffmann (li.) musste ihr Atelier aufgeben: Die Preise hier steigen zu rasant für sie

Die Kasematten im Bockfelsen waren Waffenlager und Kaserne. Heute schaut man aus den düsteren Gängen auf das aufblühende Grund hinab

PARIAS & PARTYKELLER

Das Tal wird saniert, es wird eleganter und exklusiver. An das Elend der Armen denken nur noch ein paar Alte

ließen sich Handwerker nieder: Färber und Fischer, Schuster und Scherenschleifer, Bierbrauer und Gerber. Und der kleine, träge Fluss nahm mit, was ihm gegeben wurde – Abwässer, Fäkalien und Müll. Es stank. Krankheiten wie Cholera, Typhus, Pocken und Pest breiteten sich schnell aus.

Die hygienischen Zustände waren über Jahrhunderte so katastrophal, dass die *Frankfurter Zeitung* noch Anfang des 20. Jahrhunderts über Grund und Clausen schrieb: „Seltsam aber ist es, dass man in dieser Unterwelt Dinge zu sehen bekommt, die sich getrost den traurigsten Bildern aus Ost-London an die Seite stellen lassen. Von jeder Wanderung durch die armen Quartiere im Abgrund kommt man mit Grauen im Herzen zurück."

Zusätzlich prägte das Gefängnis, das ab 1869 in der einstigen Abtei Neumünster untergebracht war, die Unterstädte. Zwar wurden die Verhältnisse bald nach dem Bau einer Kanalisation etwas hygienischer, doch noch immer galt: Wer in Grund und Clausen lebte, hatte keine andere Wahl. Einige der niedrigen und schmalen Fachwerkhäuser lehnten sich rücklings an den feuchten Felsen, in den weitere Räume geschlagen wurden. Bis heute sieht man an einigen Stellen, insbesondere in Grund, kleine Höhlen im Fels – Zeugen längst abgerissener Häuser. Einen gewissen Charme erhielten die wenigen Straßen der Faubourgs nur durch etliche Künstler und Bohemiens, die in den Keller zogen.

Noch heute leben hier viele Kreative. Seit 1980 wohnt Wil Lofy, ein Urgestein der Luxemburger Kunstszene, direkt an der Alzette. „Damals waren die Unterstädte wie ein Dorf, jeder kannte jeden. In der Kneipe traf man die Gefängniswärter und konnte ihnen Sachen für die Insassen mitgeben: Die meisten waren Verwandte oder Freunde", sagt der 70-Jährige.

Künstler wie Lofy machten den Stadtgrund zum Künstlerkeller und damit auch für andere Menschen interessant. In Lofys Garten stehen ein paar seiner älteren Objekte, verwittert und mit Laub bedeckt: hölzerne, üppige Frauenkörper, deren Schoß sich zu einer Sitzfläche oder einer Wanne verbreitert. Dazwischen, auf dem Boden, eine kleine halbrunde Mauer aus sorgsam aufgereihten leeren Weinflaschen. Chilenischer Chardonnay, Cuvé Melusina. „Sehr guter Biowein", erklärt der trinkfeste Bildhauer. Er bringt ihn mit, wenn er im Frühjahr aus Patagonien kommt. Bereits 1983 hat sich der bärtige Exzentriker eine 25 Hektar große Insel an der Südspitze Chiles gekauft. Seitdem verbringt er dort den südamerikanischen Sommer. Wenn er wiederkommt, arbeitet er an einem ganz besonderen Projekt weiter: eine kleine Kuppel aus leeren Weinflaschen. „Wahrscheinlich werde ich das nicht mehr schaffen. Es wird wohl nur eine Sitzbank werden", sagt Lofy. Heute fertigt er nur noch kleine Skulpturen und ein paar Möbelstücke.

Die Zeiten des heruntergekommenen Künstlerkellers sind fast vorbei. Luxemburg hat sich seiner Unterstädte angenommen und sie nach und nach saniert. Die Auswirkungen: „In den vergangenen zehn Jahren haben sich die Mieten vervierfacht. Das können sich die alteingesessenen Bewohner kaum mehr leisten", sagt Florence Hoffmann, Künstlerin einer jüngeren Generation. Sie musste ihr großes, billiges Atelier aufgeben, als das Haus verkauft wurde. „Jetzt ist dort eine Kanzlei eingezogen", sagt die 40-Jährige. Die grazile Blondine fertigt ihre Statuen, deren Körper aus Leitern oder Bücherstapeln bestehen, nun in einem winzigen Raum neben ihrer Wohnung an.

Aufbruch allerorten: Die alte Handschuhfabrik an der Rue Plaetis wurde zu einem schicken Mehrfamilienhaus umgebaut. Einige der schmalen Häuser wurden abgerissen, andere saniert und modernisiert. „Sie bekommen zwar nur über die offene Wendeltreppe

Licht, sind aber durch die Sanierung zu ganz tollen Wohnungen geworden", sagt Florence.

Und dann die Abtei Neumünster. Der größte Bau im Grund. Nachdem das Gefängnis 1984 verlegt wurde, stand die Anlage lange leer und verfiel. Zehn Jahre lang wurde sie restauriert und ist seit 2004 das Schmuckstück der Unterstädte. Aus der alten Abtei wurde ein riesiges Kulturzentrum. Wo Mönche beteten und Verbrecher einsaßen, finden nun über 1000 Veranstaltungen jährlich statt. „La revanche de l'histoire", die Revanche der Geschichte, nennt das Claude Frisoni, der Direktor der Abtei Neumünster. Der quirlige Franzose hat es geschafft, eine neue Klientel in die Unterstädte zu locken: die Kulturinteressierten. Und davon hat Luxemburg mit den vielen Angestellten in den europäischen Behörden und Banken genug. Jazzmatineen am Sonntag Vormittag, Open-air-Opern vor grandioser Felsenkulisse, Ausstellungen im glasüberdachten Innenhof – fast jedes Ereignis ist ausverkauft oder zumindest gut besucht. Außerdem bietet die Abtei den vielen Firmen in Luxemburg Räumlichkeiten für Konferenzen und Vorträge. Selbst Hochzeiten werden hier jetzt ausgerichtet.

Es wird nicht der gleiche Fehler begangen wie in der Oberstadt. Es gibt Sozialwohnungen, damit die Bevölkerungsstruktur gemischt bleibt, und genügend Gewerberaum für Geschäfte, Restaurants und Bars", sagt Frisoni. „Viele neue Kneipen haben in den letzten Jahren aufgemacht, dadurch sind die Unterstädte zum Partykeller der Stadt geworden", sagt auch Florence Hoffmann. Und bald wird es noch jünger, noch hipper: Die Gebäude der ehemaligen Mousel-Brauerei in Clausen werden in eine schicke Wohnstadt für Studenten und junge Familien verwandelt, mit noch mehr Kneipen und Cafés, Bühnen und Boutiquen.

Schon jetzt existieren Party- und Kunstszene nebeneinander im Keller und schließen sich zusammen, wenn im Sommer die Jazzrallye durch die Straßen zieht oder die „Konscht am Gronn" an jedem ersten Samstag in den Sommermonaten die Unterstadt in eine riesige Galerie verwandelt. Den Aufzug durch den Fels nach oben nimmt man dann nur noch, um Geld abzuheben. □

Susanne Strätz *ist Wahlberlinerin mit langer Paris-Erfahrung. Sie empfand Luxemburg wie eine Summe beider Metropolen.*

OPEN AIR & OPEN END

Der Einzug der Kultur im Tal hat Grund verändert. Die graue Maus von früher wird Zentrum der Schickeria

Dreigeteilt: links die feine Stadt auf dem Fels, rechts Abtei Neumünster in Grund, und am Horizont leuchten die Wolkenkratzer des Kirchbergs

belsito
RISTORANTE belsito
RISTORANTE
BK 450WA
Sie werden ihm gleich zweimal verfallen.

Das neue Ford Focus Coupé-Cabriolet wird Ihnen gefallen – geschlossen und auch 29 Sekunden später, wenn das automatische Stahlfaltdach im Gepäckraum verschwunden ist. Also, verlieben Sie sich: Genießen Sie die Sonne und lassen Sie den Wind in Ihren Haaren spielen ... ab März, im Handel.
Das neue **Ford**Focus Coupé-Cabriolet
Feel the difference
Ford

Majestäten, die jeder mag

Am großherzoglichen Hof regiert Harmonie. Das Herrscherpaar nach 26 Ehejahren noch verliebt, fünf wohlgeratene Kinder, alle volksnah und nett. Hoheiten wie du und ich, nur edler und besser

Text: Kathrin Sander

Diskretion geht ihm über alles. Sie ist „die Leitregel der großherzoglichen Familie", sagt Henri von Luxemburg, der letzte amtierende Großherzog der Welt. Skandale, Affären, Peinlichkeiten haben keinen Platz an seinem Hof. Mag die Boulevardpresse auch noch so danach suchen, sie wird nichts finden.

Gut, vielleicht das uneheliche Kind, das der zweitjüngste Sohn Prinz Louis (20) im Frühjahr 2006 noch vor seinem Abitur hatte. Die Mutter, luxemburgische Soldatin, lernte er bei einem Truppenbesuch im Kosovo kennen, und wirklich standesgemäß war sie als Tochter eines Dachdeckers nicht. Aber reicht das in Luxemburg für einen Skandal? Niemals. Schon zur Taufe des ersten großherzoglichen Enkelsohnes Gabriel Michael Louis Ronny (dessen Nachname erst einmal ungeklärt blieb) im April 2006 trat die Familie geschlossen an. Großherzogin Maria Teresa war gerührt, sagte, „Gabriel ist ein Teil von uns", und nicht mal sechs Monate später waren die jungen Eltern auch schon verheiratet. Die Trauung fand zwar im engsten Familienkreis statt, Louis hat keinen Platz mehr in der Thronfolge, aber Tessy, die Dachdeckertochter, darf längst mit gekrönten Häuptern auf dem Familiensitz Schloss Berg speisen. Und auch der Nachname steht fest: „von Nassau" heißt die junge Familie.

Schließlich hat auch der Großherzog aus Liebe geheiratet. Es war wie im Märchen, damals, Ende der 70er Jahre: Prinz Henri studiert in Genf Politikwissenschaft und trifft die Exilkubanerin Maria Teresa Mestre: schlank, dunkelhaarig, schwarz glänzende Augen, karibischer Teint, wortgewandt und klug. Noch märchenhafter hätte es sein können, wäre Maria Teresa eine arme Flüchtlingstochter gewesen, doch mittellose Flüchtlingstöchter studieren selten Politik am Genfer See. Maria Teresas Vater war vielmehr Großgrundbesitzer und Bankier in Havanna, bevor die Familie über New York und das eigene Landgut in Spanien in die Schweiz zog, wo Vater Mestre sich als Finanzberater niederließ. Reich war sie also, Henris Auserwählte, doch ganz und gar nicht adlig.

Henris Mutter, Großherzogin Joséphine Charlotte, vornehm, distinguiert und zeitlebens die Fleisch gewordene Contenance, soll gegen die Hochzeit gewesen sein, doch selbst damals reichte das nicht für einen Skandal. Als Henri und Maria Teresa im Februar 1981 heirateten (selbstverständlich hatten beide zuvor ihr Studium äußerst erfolgreich beendet und ihre Liaison vier Jahre geheim gehalten), feierte Europas Hochadel eine Traumhochzeit, die gekrönt wurde von einem echten, innigen Kuss – damals eine Sensation, ein, wenn man so will, positives Skandälchen. Die Luxemburger lieben ihr großherzogliches Paar bis heute dafür – ähnlich wie es die Spanier noch immer in ihrer Ehre verletzt, dass Kronprinz Felipe seiner frisch angetrauten Letizia auf dem Balkon des Madrider Königspalastes nur ein müdes Bussi auf die Wange gab.

Maria Teresa, die strahlende Braut von damals, ist heute, nach über 25 Ehejahren und fünf Kindern, ein wenig fülliger geworden, hat sich aber ihre strahlenden Augen bewahrt. Kochen kann sie nicht, sagt die 50-jährige Großherzogin von sich selbst, aber sie liebt Papaya-Avocado-Salat mit würziger Vinaigrette. Außerdem hat sie eine Schwäche für dekorative Details im Palast und legt Wert darauf, dass Gäste auf Schloss Berg in ihren Schlafzimmern immer ein Betthupferl aus feinster Schokolade finden.

Mit ihrer 2004 verstorbenen Schwiegermutter soll sie immer wieder mal aneinandergeraten sein, aber gehört das nicht zum Mythos der angeheirateten Thronfolgerin? Man denke nur an Sissi oder Lady Di. Dass Henri und Maria Teresa allerdings Joséphine-Charlottes Juwelen und Schätze nur knapp zwei Jahre nach deren Tod zu Geld machen wollten, brachte die Luxemburger dann doch auf die Barrikaden. So was gehöre sich nicht, sei stilloser Ausverkauf. Oder, so wurde gemutmaßt, sei das Großherzogtum womöglich klamm und brauche die Million, die Mutters Schmuckstücke schätzungsweise bringen würden?

Schnellstens wurde die Versteigerung abgesagt, Henri glättete die Wogen. Man habe Mutters Erbe aufgeteilt, jeder habe seine Lieblingsstücke bekommen, der Rest (Rubinschmuck, Diamantenarmband, Silber, etc.) hätte nicht irgendwo verstauben sollen, nur deswegen habe man die Kostbarkeiten zu Sotheby's gebracht. Er habe den „symbolischen Wert" unterschätzt, sagte Henri, den „das Erbe meiner Mutter für mein Volk hat". Und schnürte der Yellow Press damit das Wort ab, bevor sich die noch richtig aufregen konnte.

Ein Hang zu Pomp und Allüren lässt sich dem Herrscherpaar wirklich nicht nachsagen. Das großherzogliche Palais am Krautmarkt im Luxemburger Zentrum könnte auch Stammsitz einer renommierten Bank sein; der Grand Duc hat nicht mal eine Krone und unterschreibt auch nicht mehr mit „von Gottes Gnaden", wie es Vater Jean noch tat. Dafür geben die Regenten sich volksnah, vor allem die Großherzogin zeigt Tatendrang und Tempera-

Locker, aber immer mit Stil. Vaters Fliege bleibt gerade, auch wenn die Familie posiert, als liege eine rauschende Ballnacht hinter ihr. Von links nach rechts: Großherzog Henri, die Prinzen Félix, Louis, Guillaume und Sébastien, vorn: Großherzogin Maria Teresa und Tocher Alexandra

ment. Es gibt mehrere Fotos, auf denen Henri vor dem Gobelin am Flügel, auf dem Sofa im Salon oder am Schreibtisch sitzt, und immer schaut Maria Teresa durch die geöffnete Tür zu ihm hinein, als wolle sie sagen – natürlich auf die freundlichste Art und Weise: „Henri, los, auf, es gibt viel zu tun." Selbstredend sind dies keine Schnappschüsse, sondern minutiös geplante Aufnahmen des Luxemburger Hoffotografen, der ein Faible für die genannte Szenerie zu haben scheint. Dennoch spricht Maria Teresas Terminkalender für sich. Als Unesco-Sonderbotschafterin setzt sie sich für die Vergabe von Mikrokrediten in der Dritten Welt ein, engagiert sich für die Aids- und Krebsforschung, Alzheimerpatienten und das Rote Kreuz und kümmert sich um die beiden jüngsten Kinder Alexandra und Sébastien, die noch zu Hause wohnen.

Henri seinerseits hat sich neben den alltäglichen Amtsgeschäften vor allem dem Umweltschutz verschrieben, nachdem er sich bei einem Besuch auf den Galapagos-Inseln in die dortige Tierwelt verliebte. Zu seinem 50. Geburtstag wurden Fotos veröffentlicht, auf denen der Herrscher selbstvergessen mit drei kleinen Robben spielt und einem Pelikan zärtlich den Schnabel drückt. Privat, so wird verlautbart, liebt der Großherzog Sport und das Surfen im Web: „Sein Vater sammelte Bücher, seine Mutter Kunstgegenstände. Henri von Luxemburg findet Anregung und Ablenkung im Internet."

Das letzte in großem Stil begangene Fest am Hofe war die nachträglich gefeierte Silberhochzeit von Henri und Maria Teresa im Sommer 2006. Nicht etwa in den Palast, sondern ins neue Mudam, das Museum für moderne Kunst, lud das Paar zur herzoglichen Gala. Henri ist mit jedem derzeitigen europäischen Regenten verwandt, entsprechend illuster war die Gästeschar. Wieder mal allein kam Albert von Monaco, gewissermaßen der Antipode des Großherzogs. Auch sein Reich ist klein und reich; doch anders als der wohlgeordnete, Geborgenheit ausstrahlende Luxemburger Hof ist Alberts Fürstentum eine Schlangengrube voller royalistischer Unwägbarkeiten: der Regent mit knapp 50 nicht mal verlobt, seine Schwestern extravagant bis exzentrisch, die eine mit einem früher öffentlich pinkelnden, prügelnden Prinzen vermählt, die andere mit Zirkusdirektor, Palastkellner und Artisten liiert.

Das ist es, was der 51-jährige Großherzog, der ein wenig aussieht wie ein jüngerer Clint Eastwood mit streng gelegtem Seitenscheitel, auf keinen Fall will. Harmonie, Effizienz und soziales Engagement sollen herrschen in seinen Palästen. Tumulte gilt es zu vermeiden, deswegen verläuft bei Luxemburgs Monarchen – einzigartig in Europa – sogar die Abdankung behutsam und auf Raten. Henri etwa war zwei Jahre lang Lieutenant-Répresentant, Statthalter seines Vaters, des Großherzogs Jean, bis der im Oktober 2000 endgültig die Geschäfte abgab. Das bedeutet: viel Arbeit – Audienzen, Korrespondenzen, Besichtigungen – und wenig Ehre: Staatsbesuche empfängt und leistet immer noch der „alte" Großherzog. Ein undankbarer Job? Würde Henri so nie sagen. Im Gegenteil: „Auf diese Weise kann sich der jüngere Großherzog sehr gut auf die Verantwortung als Staatschef vorbereiten, außerdem haben so auch die politischen Autoritäten und die Bevölkerung Zeit genug, sich an den neuen Staatschef zu gewöhnen."

Aus der Tagespolitik hält Seine Hoheit sich heraus, steht aber in vertrauensvollem Kontakt zu Staatsminister Jean-Claude Juncker. Der steckt seinen Kopf bei offziellen Terminen schon mal von hinten zwischen das Regentenpaar, die Hand freundschaftlich auf der Großherzogin Schulter. „Würde man die Luxemburger darüber befinden lassen, welche Staatsform ihnen gut zu Gesichte stände", sagt er, „dann würden sie sich für die Monarchie entscheiden." Schon einmal, 1919, hat sich eine Großherzogin vom Volk bestätigen lassen. Charlotte, Henris Großmutter, trat das hohe Amt erst an, nachdem ihr die Luxemburger per Volksabstimmung das Vertrauen ausgesprochen hatten. „Etwas Urdemokratisches" sei Luxemburgs Monarchie dadurch zu eigen, sagt Juncker. Ein Untergang sei nicht zu befürchten.

Erst recht nicht unter Seiner Hoheit Henri, Großherzog von Luxemburg, Herzog von Nassau, Prinz von Bourbon-Parma, Graf von Sayn, Königstein, Katzenelnbogen und Diez, Burggraf von Hammerstein, Herr von Mahlberg, Wiesbaden, Idstein, Meremberg, Limburg und Eppstein. Mögen viele seiner Grafschaften längst nur noch dem Namen nach bestehen, das Großherzogtum Luxemburg wird bleiben, wie es ist. Äußerst diskret. □

Kathrin Sander *ist Redakteurin bei* MERIAN.

Bauen um jeden Preis. Seit 50 Jahren wuchert auf dem Kirchberg ein Sammelsurium aus Glas, Beton und Stahl: das Herz der EU

Hoch über der Altstadt: Die strahlende Philharmonie von Christian de Portzamparc begleitet Ricardo Bofills schlichten Büroturm. Um das dahinterliegende Bâtiment Alcide de Gasperi ist das langgezogene Kongresszentrum gewachsen

MUSTERHÄUSER FÜR EUROPA

Text: Petra Mikutta, Fotos: Klaus Bossemeyer

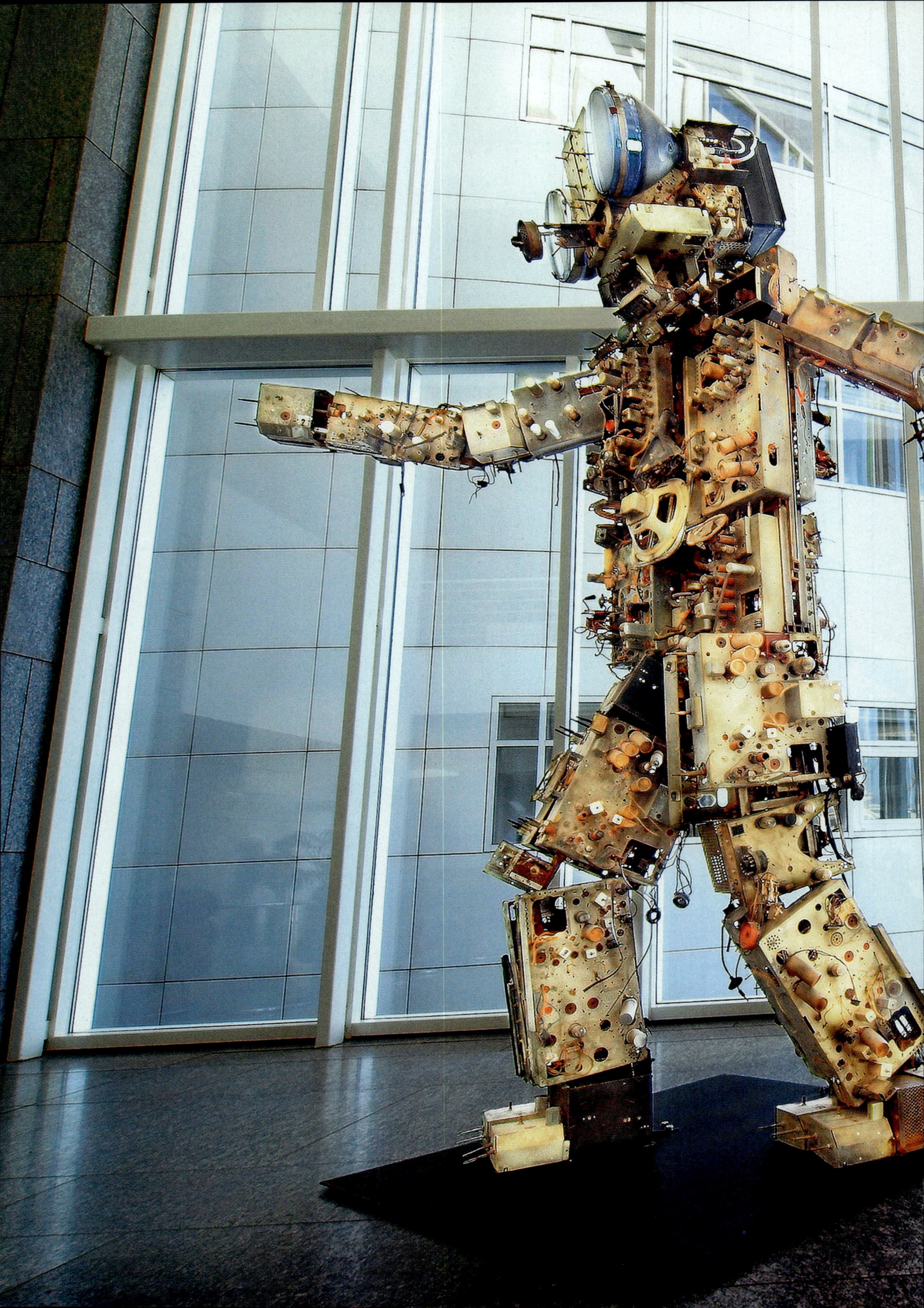

TATAR IM TEMPEL DES KAPITALS

Die Bank der Großkünstler: US-Architekt Richard Meier hat das Luxemburger Zuhause der Hypobank gestaltet, der Koreaner Nam June Paik hat es mit seinem „Anonymen Krimtataren“ verziert

INSTALLATIONEN IM LEEREN RAUM

Platz bietet das Mudam, das Museum für moderne Kunst, en masse. Der Freiraum für Cai Guo-Qiangs Raumbild „The Net“ aus Wrack und Voliere ist mehr als Konzept: Das Gebäude steht seit 2006, die Sammlung ist noch längst nicht komplett

Hier Trutzbau, dort Wintergartenstil: Ieoh Ming Peis Mudam hinter den alten Wehrtürmen des Forts Thüngen

SO VIELE EINWOHNER WIE KUNSTWERKE

Europa liegt anderthalb Kilometer von Luxemburgs Innenstadt entfernt, auf einem 360 Hektar großen Präsentierteller: dem Kirchberg-Plateau. Aus der Vogelperspektive sieht es aus wie ein plumper Pfeil mit ausgefranster Spitze. Es misst gut drei Kilometer in der Länge, der Schaft ist einen halben Kilometer breit, 62 Meter die Hauptverkehrsader am südöstlichen Rand, die Avenue John F. Kennedy. 20 000 Menschen arbeiten in dem Stadtviertel, das seit 50 Jahren vor sich hinwächst: bei der Europäischen Investitionsbank, beim Europäischen Gerichtshof, dem Europäischen Rechnungshof, der Europäischen Kommission, in EU-Kongresszentren, in der Europaschule für die Beamtenkinder, in Kliniken, Altenheimen, Hotels, Sport- und Kulturstätten und Läden. Einwohner: 2000.

Die Frage, über die bereits zwei Generationen von Städteplanern rätseln, lautet: Wie soll ein lebendiges Quartier aussehen – auf dem schlecht geschnittenen Terrain, zwischen Betonsolitären und Asphaltpisten? Die stammen zum Teil aus den Sechzigern, als man noch EWG sagte und das Credo der Urbanisten Funktionalismus hieß: Wohnen, Arbeiten, Einkaufen säuberlich getrennt, alle Wege auf das Auto zugeschnitten. „Wir haben einen groben Bebauungsplan entwickelt, der den Schlauch in fünf Viertel unterteilt. Über Abriss und Neubau entscheiden wir nach Einzelfall. Aber egal wie, es kommt immer Kritik", sagt der Architekt Pierre Kieffer. Mit „wir" meint er sich und seine Kollegen beim Fonds d'Urbanisation et d'Aménagement du Plateau de Kirchberg.

Der Staat Luxemburg hat den weitgehend unabhängigen Fonds 1961 gegründet und ihm unbefristet die Planung überlassen. Ein knappes halbes Jahrhundert später führen immer noch Wege ins Nichts, klaffen Baulücken, stehlen Monumentalbauten einander die Show. **Fußgänger riskieren ihr Leben beim Versuch, die Avenue John F. Kennedy zu überqueren, und klettern über Mauern und Böschungen. Nach Feierabend versinkt das Plateau in Ödnis.** Seit Mitte der 90er Jahre existieren jedoch Oasen, Indoor-Zentren mit Metropolenflair. Sie sind den Bewohnern der Hauptstadt und der umliegenden Dörfer willkommene Abwechslung.

In der Coque, dem muschelförmigen Sport- und Kulturzentrum, ziehen Damen mit gereckten Hälsen Bahnen im Olympiabecken; in der Caféteria brüten Gymnasiasten über Hausaufgaben, während sie auf den Beginn ihres Volleyballtrainings warten. Im Galerierestaurant tunken Feinschmecker Dorade in Zitronensauce und lauschen den Jubelrufen, stürmischen Böen, die aus den Sporthallen herüberwehen. Im Centre Auchan, einer Mall nach US-Vorbild, shoppt und luncht das vereinte Europa unter einem gläsernen Himmel. **Nach Ladenschluss wacht Utopolis auf: ein Kinocenter mit Billardhalle, Restaurants, Bars.**

Im „Vermenschlichen", wie er es nennt, sieht der Präsident des Fonds, Patrick Gillen, die Zukunft des Kirchbergs. Das will er schnell vorantreiben, mit einer Straßenbahnlinie, fußgängerfreundlicher Verkehrsführung, mehr öffentlichen Innen- und Außenräumen und vor allem mehr Wohnungen: „Bis 2020 soll der Kirchberg 14 000 Einwohner haben und 37 000 Arbeitsplätze bieten."

Eine Gesetzesänderung könnte Gillen ausbremsen. Bis 2004 hatten weder EU noch Staat, Stadt, private Bauherren oder Architekten entscheidend mitzureden – der Fonds hatte stets das letzte Wort, wie Bauten auszusehen hatten, wo sie stehen sollten, wer sie errichtete. Er segnete Finanzierungspläne ab, Gebäudehöhe, Fassade, Grünflächen, Art der Müllentsorgung und Stellplätze. Laut neuem Recht kann nun die Stadt mitentscheiden, und jede Baumaßnahme muss sich auf historische und soziologische Analysen stützen. „Das wird keine Fehler verhin-

Ausrufezeichen: Richard Serras „Exchange“ am Ende der Avenue John F. Kennedy lenkt von Bauten ab, die in jedem Gewerbegebiet stehen könnten

Wildes Wesen: Eines der meistbesuchten Kunstwerke auf dem Kirchberg ist A. R. Pencks „Delphi heliotroph“ in der Deutschen Bank

Schwebender Schrott: Nach der Industriestadt Saargemünd heißt Richard Serras Skulptur vor der Hypobank „Sarreguemines“

Im Lichtrausch: Die neue Philharmonie ist ein glanzvolles Werk. Mehr als 800 schlanke, weiße Säulen umrunden den Bau

dern, das wird lediglich alles verzögern", brummelt Pierre Kieffer.

Kritik steckt der Fonds weniger wegen Fehlplanungen ein – Bürger, Presse und Stadt sind mit der Arbeit und dem gemächlichem Tempo der Urbanisierung überwiegend zufrieden. Viele stört allerdings sein Finanzgebaren, vor allem beim Verkauf des Baulands. Ende der 50er Jahre haben Bauern dafür vom Staat umgerechnet wenig mehr als 8000 Euro pro Hektar bekommen und wurden teilweise enteignet. Ende der Achtziger erhielt der Fonds 20 000, heute im Einzelfall bis zu 300 000 Euro je Hektar von den Käufern. Der Vorwurf: **Wer Geld habe, könne den Kirchberg nach Lust und Laune verschandeln.**

„Dabei stimmt das nicht. Wir verkaufen nicht einfach an den Höchstbietenden", sagt Kieffer. „Wir berücksichtigen die Qualität der Architektur, und wir investieren Gewinne in Dinge, die der Allgemeinheit zugute kommen." Das erste solcher Projekte war der 355 Meter lange Pont Grande-Duchesse Charlotte. „Früher war die Fahrt vom Zentrum auf den Kirchberg eine kleine Reise", sagt Kieffer. Die Stahlbrücke bildet seit 1965 einen tomatenroten, 74 Meter hohen Viadukt über das Alzettetal und führt zum bisher jüngsten Kind des Kirchbergs: dem Ensemble Place de l'Europe. Das städtebauliche Konzept hat der Spanier Ricardo Bofill entwickelt: ein dicker Schuss Kultur für Europa und sein Plateau.

Zwei 18-geschossige dunkelgraue Zigarettenschachteln mit EU-Büros, ebenfalls von Ricardo Bofill, bilden ein Tor. Dahinter ist ein grinsender weißer Wal gestrandet: die im Juni 2005 eröffnete Philharmonie von Christian de Portzamparc, dem französischen Träger des Pritzkerpreises, einer Art Nobelpreis für Architekten. Die Fassade aus 823 filigranen Säulen funkelt nachts wie ein Juwel, und die Kritiker loben die Akustik. Die Baukosten von 113,5 Millionen Euro, 35 Millionen mehr als veranschlagt, verursachten kaum Protest.

„Geld ist hierzulande reichlich da. Das ist manchmal schlecht", sagt Gerhard Kirchner vom Luxemburger Büro Hermann & Valentiny und Partner, das auf dem Kirchberg unter anderem Luxuswohnviertel plant. „Es kann die Architektur schnelllebig machen."

Gebäude, kaum 30 Jahre alt, weichen Verdichtungs- und Raumbildungsbemühungen. Der Sitz der Europäischen Kommission muss weg, weil er zu introvertiert, die alte Deka-Bank, weil sie zu düster ist. Und das Robert-Schuman-Haus entspricht als diskretes Relikt der Moderne aus den Sechzigern nicht dem Zeitgeist. Der verlangt nach spektakulären Prestigebauten. Eine Entwicklung, die vor allem die Banken in den späten Achzigern eingeleitet haben.

Der Hauptsitz der Deutschen Bank ist ein ziegelroter Säulentempel des Kölner Pritzkerpreisträgers Gottfried Böhm. Die Hypobank residiert in einer weißgrauen Festung mit Wassergraben des amerikanischen Pritzkerpreisträgers Richard Meier sowie in einem spitz zulaufenden Ozeandampfer – „Titanic" genannt – aus Sichtbeton. Mit der Filiale der Banque de Luxembourg im Auchan-Einkaufszentrum bekennt sich der Franzose Jean-Michel Wilmotte zur Dynamik: Die Raumgestaltung betont die Horizontale, die Flure scheinen zu schweben. Die Empfangshalle sieht aus wie eine New Yorker Trendgalerie.

Die meisten der wohl über tausend Kunstwerke der Banken sind nur am Tag der offenen Tür allgemein zugänglich, die Foyers jedoch zu Schalterzeiten: Bei der Deka-Bank rauscht der azurblaue Wasserfall „Panta rhei" von Felix Weinhold. Nam June Paiks riesiger „Krimtatar" mit Platinenkörper und Scheinwerferaugen zieht einen Bollerwagen mit Elektronikschrott durch den Meierbau der Hypobank.

VIEL GELD IST MANCHMAL SCHLECHT

Aufbruch: „La grande fleur qui marche" von Fernand Léger (1881-1955) steht seit 2003 im Freien, wie der Meister es wünschte

Mehr als 40 Skulpturen namhafter Künstler sind vor den Gebäuden, im Park und am Straßenrand zu besichtigen. Die gewichtigste bringt 37,5 Tonnen auf die Waage: „Exchange" heißt der 20 Meter hohe Stahlturm des Amerikaners Richard Serra, der das Nordostende des Kirchbergs markiert. Das Plateau ist ein gut sortiertes Freilichtmuseum für zeitgenössische Kunst und Architektur.

Das neueste Exponat auf der Place de l'Europe stammt vom Sinoamerikaner Ieoh Ming Pei, Erfinder der Pyramide des Louvre und – natürlich auch er – Pritzkerpreisträger: das Mudam, Musée d'Art Moderne Grand-Duc Jean, ein schimmernd weißer Pavillon aus Sichtbeton, Sandstein und Glas: „Am meisten hat mich das Wechselspiel zwischen Vergangenheit und Gegenwart, zwischen Vergangenheit und Zukunft fasziniert", sagt Pei über den gefälligen, kristallinen Bau.

Die Außenmauern stehen auf Fundamenten des Forts Thüngen aus dem 18. Jahrhundert. Durch den 33 Meter hohen Hauptsaal im Erdgeschoss tanzen Schatten, eine federleichte Treppe dreht eine anmutige Pirouette, eine Schar Kanarienvögel pfeift dazu. Die Tiere tirilieren seit der Eröffnung im Juli 2006 und gehören zu Cai Guo-Qiangs Installation „The Net". Wer an dem raumfüllenden Werk des Chinesen vorbei aus dem Fenster schaut, erblickt drei kürbisgroße, golden glänzende Eicheln: die „Dräi Eechelen", die Spitzen der restaurierten Wehrtürme des Forts Thüngen, in denen ein Festungsmuseum eröffnen wird – sobald die Stadt genügend Exponate gefunden hat.

Auch die Sammlung des Mudam ist jung. Seit 1996 haben die Kuratoren 230 Werke erworben, ein eklektischer Mix, dem avantgardistische Designobjekte eine interessante Note geben: Im Café steht ein hölzerner Baldachin, der mit pastellfarbenen Filzschindeln gedeckt ist, eine Arbeit der Franzosen Erwan und Ronan Bouroullec. Als Imbiss gibt es belegte Brötchen in Form von Kuhköpfen, Herzen, Krallen und Fischen des italienischen Altmeisters Gaetano Pesce. Der Portugiese Sancho Silva und der Slowene Tobias Putrih haben einen Raum mit einem 3D-Puzzle möbliert und fordern zum Spielen auf – für manche Kunstfreunde nichts als Albernheiten.

Das einzige unumstritten visionäre Kunstwerk auf dem Kirchberg starrt unter der 31 Meter hohen Kuppel der Deutschen Bank nach Osten: der haushohe „Delphi heliotroph" aus Bronze von A. R. Penck. Zwischen seinen drei gespreizten Beinen kann man ihm die Hand schütteln, die aus der Wade wächst. Daneben ist ein Versprechen graviert, das den Planern Hoffnung gibt: „In 1000 Jahren werde ich wiederkommen und löse das Rätsel."

Da wird er wohl zu spät kommen. Zwar sind heute Bauwerke, deren Material, und Gestaltung die Jahrhunderte überdauern sollen, internationaler Trend. Aber der hat Luxemburg noch nicht erreicht. „Nachhaltigkeit ist hierzulande nicht verankert", erklärt Kirchner. „Ein frühzeitiger Abriss ist für uns kein Problem." □

Petra Mikutta, *schreibende Architektin, verlief sich auf dem Kirchberg.*
Klaus Bossemeyer, *Fotograf, fand dort „Licht und Schatten eng beieinander" und entschied sich fürs Licht.*

MERIAN | TIPP Was ist wo auf dem Kirchberg?

ROPÄISCHE GEMEINSCHAFT
er Europäische Fonds
regionale Entwicklung
CASTILLA Y LEÓN
FREU DICH!
DU BIST IN
SPANIEN
ESPAÑA
Von der Entdeckung von Städten des Weltkulturerbes bis zur Verkostung der reichen Gastronomie. Es erwarten Sie Ávila, Segovia, Salamanca, Toledo, Córdoba, Santiago de Compostela, Cuenca, Cáceres, Alcalá de Henares, Ibiza und San Cristóbal de la Laguna. Freu dich! Du bist in Spanien.
www.spain.info

Übervoller Schreibtisch, bereit für große Taten: **Jean-Claude Juncker** in seinem kleinen Büro im Regierungsgebäude. Sein Fenster im Erdgeschoss geht auf die Place Guillaume, die Bürger können ihm zuschauen

»Grenzen in Europa? Ein Horror!«

Regierungschef Jean-Claude Juncker ist eine der stärksten Stimmen der EU. Wir fragten ihn nach der Zukunft des europäischen Traums Interview: Rolf-Dieter Krause und Andreas Hallaschka, Fotos: Matthias Jung

Europäische und internationale Angelegenheiten stapeln sich: der Staatsminister arbeitet sie ab

MERIAN: Herr Staatsminister, vor 50 Jahren wurden die Römischen Verträge unterzeichnet. Damals waren die Menschen begeistert, dass in Europa die Schlagbäume fielen. Heute scheint es, als würden viele die Grenzen am liebsten wieder errichten. Was ist da passiert?
JEAN-CLAUDE JUNCKER: Grenzen sind ja die fürchterlichste Erfindung, die Menschen zustande gebracht haben. Während aber die Generation unserer Eltern die Grenzen als etwas Leidvolles weg haben wollte, gibt es jetzt ängstliche, auf Sicherheit bedachte Charaktere, die denken, man könne Sicherheit nur im nationalen Raum erleben.
Sollte man dieses Bedürfnis nicht respektieren?
Es gibt da eine Befindlichkeit, die weit tiefer sitzt. In den 50er Jahren, und auch noch später, waren alle in Europa für Europa. Die europäischen Völker haben ihre Regierungen regelrecht zu mehr Europa getrieben. Und die Regierungen wurden heftig kritisiert, wenn sie diese politische Leistung nicht abgeliefert haben, diesen Traum. Heute ist das umgekehrt.
Inwiefern?
Heute wünschen sich 50 Prozent der Bürger mehr Europa, und 50 Prozent sind der Auffassung, wir hätten zuviel Europa. Es werden heute die als kluge Europäer empfunden, die weniger Europa wollen. Wir wären heute nicht mehr in der Lage, die Römischen Verträge zu ratifizieren. Wir müssen unserer Vorgängergeneration dankbar sein, dass sie das gemacht hat.
Was würde denn passieren, wenn wir wieder Grenzen in Europa hätten?
Das ist doch ein Horrorszenario! Man muss sich ja nur vorstellen, was wäre, wenn wir den Binnenmarkt nicht hätten. Nationale Volkswirtschaften würden brutal aufeinanderstoßen und der Stärkere würde gewinnen oder der Klügere oder der Intrigenreichere. Jetzt haben wir ein Regelwerk, das für alle gilt. Das ist zwar nicht perfekt, aber ohne Binnenmarkt wären alle europäischen Länder wirtschaftliche Kleinsträume. Kein Land, so tüchtig es auch sei, wäre so stark, wie es heute ist, wenn es den Binnenmarkt nicht gäbe, sogar der Exportweltmeister Deutschland nicht.
Viele empfinden auch die Osterweiterung der EU als zu weit gehend.
Man übersieht, dass seit dem 1. Januar 1990 in Europa und an der direkten Peripherie 23 neue Staaten entstanden sind. Hätten wir uns da hinsetzen und den Dingen ihren Lauf lassen sollen? Hätten wir diese jungen Demokratien allein lassen sollen mit ihren internen Konflikten und ihren Problemen untereinander?
Sagen Sie es uns doch bitte.
Wenn wir in den letzten zehn Jahren die Erweiterung nicht gemacht und die 23 neuen Staaten sich selbst überlassen hätten, und hätten wir den Euro nicht: Europa wäre ein Kontinent mit chaotischen Zuständen. Schwelende und ungelöste Konflikte hätten sich weiterentwickelt und zu einer heute unvorstellbaren Lage verdichtet. Und was wird nun kritisiert, wenn man den Menschen zuhört? Die Währungsunion und die EU-Erweiterung. Aber gerade das sind die größten Erfolge seit dem Abschluss der Römischen Verträge. Vielleicht versteht man das nur, wenn man sich vorstellt, was wäre, wenn wir es nicht getan hätten.
Trotzdem bleibt die Frage, warum die Menschen heute der EU so skeptisch gegenüberstehen. Haben die Politiker nur ein Vermittlungsproblem?
Natürlich hat die Politik irrsinnig viele Fehler gemacht. Aber es gibt auch viele Strömungen, die sind viel tiefer verwurzelt, als dass man sie nur von der Politik her erklären könnte. Die Generation unserer Väter und unserer Großväter – das war eine mutige Generation. Die Leute, die da von den

Im Gespräch: Der Brüsseler ARD-Korrespondent Rolf-Dieter Krause, MERIAN-Chef Andreas Hallaschka und Regierungschef Jean-Claude Juncker

Die Tür zur Macht: In diesem kleinen Stadtpalais an der Fußgängerzone residiert Staatsminister Juncker

»Darum die Erweiterung: Weil ich Angst habe«

Frontabschnitten und aus den Konzentrationslagern in ihre zerbombten Städte zurückgekehrt sind, denen hatte man die Jugend geraubt, weil irgendein Idiot in Berlin Europa neu ordnen wollte, ohne die anderen regelrecht zu konsultieren. Ja, denen hatte man die Jugend geraubt und die hatten einfach keine Lust, sich den Rest des Lebens auch noch stehlen zu lassen! Und dann haben Luxemburger und Deutsche, Niederländer, Franzosen und Italiener – die Verkrachten der Jahrhunderte – gesagt: Jetzt reicht es. Und die haben das tun können, weil sie die Völker des Kontinents hinter sich wussten. Europa war kriegsmüde geworden. Es hat lange gedauert, bis Europa kriegsmüde geworden ist, aber dann ist es richtig tief kriegsmüde geworden. Und an dieses Gefühl der Kriegsmüdigkeit können wir uns heute nicht mehr erinnern. Wir haben uns an diese Verhältnisse gewöhnt. Wir sehen den Friedenszug endgültig auf den Gleisen. Und den Menschen ist nicht klar, dass man diese Lokomotiven schmieren muss, dass man die Gleise befestigen und neue Strecken bauen muss, zu neuen Zielen. Die Vorstellung, dass uns das Schicksal der Vorgängergeneration nicht mehr ereilen könnte, ist aber eine todnaive Annahme, weil – und das haben wir schon vergessen: Vor sieben Jahren tobten noch Krieg, Vergewaltigung, Kinderschändung in einem Teil Europas – im Kosovo, und das ist nur anderthalb Flugstunden von Berlin entfernt. Und jetzt wissen Sie auch, warum sich Menschen wie ich trotz aller Unkenrufe massiv für diese Erweiterung der EU eingesetzt haben: Weil ich Angst habe.

Halten Sie denn die heutige Generation für Kriegsbereiter?

Nein, ich traue der jungen Generation nicht zu, dass sie wieder das Schwert ziehen würde. Aber meine Sorge ist: Wenn wir Europa nicht jetzt dingfest machen, werden es unsere Söhne und Enkel nicht mehr tun können. Der jungen Generation fehlt die Lebenserfahrung unserer Vorgängergeneration.

Heute haben junge Menschen in der Tat weniger Angst vor dem Krieg als vor der Globalisierung. Könnte Europa nicht auch als Schutz davor dienen?

Wir sprechen über Globalisierung, als ob sie für jeden das Gleiche bedeute. Tut sie aber nicht. Wir regen uns darüber auf, dass die Textilindustrie in Portugal, Spanien und im Norden Italiens den Krebsgang geht, genieren uns aber überhaupt nicht, als Konsumenten billige Textilprodukte zu kaufen. Es stört uns überhaupt nicht, wenn wir unsere Investitionsgüter nach China exportieren. Aber es stört uns, wenn die Chinesen mit diesen Maschinen zu produzierenden Wettbewerbern werden. Solange Globalisierung im europäischen Interesse geschah, hat sie uns nie gestört. Dass jetzt der Rest der Welt sich erdreistet, zum Wettbewerb anzutreten, stört uns sehr.

Das heißt also, Globalisierung ist für alle gut?

So wie sich die Globalisierung und auch einige innereuropäische Prozesse derzeit gestalten, nämlich in größter sozialer Abstinenz, so wird es auf Dauer nicht gut gehen können. Denn wo Globalisierung plötzlich zu einem Profitgeschäft für einige und zum Nachteil für viele wird, dort haben die Menschen einen Anspruch, dass die Europäische Union sie schützt. Dass wir es in diesem Prozess unterlassen, dem Ganzen soziale Abfederungsmechanismen beizugeben, halte ich für einen dramatischen Fehler der Politik. Wenn wir die Grenzen abräumen, aber die sozialen Differenzen bestehen lassen, dann darf man sich nicht wundern, wenn der Eindruck bei den Menschen entsteht, man wolle einen sozialen Einheitskörper auf tiefstem Niveau in der gesamten EU schaffen.

Hier begegnete
TOM SCHUSTER
zum ersten Mal
MOLLY MALONE.
Sie war nicht ganz so gesprächig wie die anderen Einwohner Dublins.

Was soll die EU dagegen tun?
Ich bleibe bei meiner Forderung, die strikt minoritär ist, dass wir in Europa einen Mindestsockel an Arbeitnehmerrechten brauchen, dass wir ein Minimum an Rechten garantieren, die nicht nach unten durchbohrt werden können. Dies scheint mir ein Gebot der vorletzten Stunde zu sein – und die war schon vor Jahren. Wenn man will, dass die Arbeitnehmerschaft, und das ist ja immerhin der Mehrheit der Menschen in der EU, sich wieder Europa zuwendet, dann muss die Sozialpolitik ein richtiges europäisches Zukunftsthema werden.

Ist vielleicht Europa auch die Seele abhanden gekommen? Ist das Maß der Gemeinsamkeiten erschöpft?
Wenn man sich früher in der EU zu zehnt oder fünfzehnt auf einen schwierigen Vertrag geeinigt hatte, dann überwog die Freude und das Staunen, dass 15 europäische Staaten überhaupt in der Lage gewesen sind, diese schwierige Einigung zu erzielen. Da haben die Europäer selbst gestaunt. Das ist heute nicht mehr so. Wir haben den europäischen Verfassungsvertrag 27 mal unterschrieben. Eine gewaltige politische Leistung. Dass sich stolze und unabhängige Nationen auf einen Text einigen, der den Kontinent organisiert, ist ein in der historischen Retrospektive geradezu unwahrscheinliches Ereignis und dieser Umstand hätte früher schon genügt, den Vertrag zu mögen. Aber das Staunen ist weg.

Sie waren EU-Vorsitzender, als die Verfassungsabstimmungen gelaufen sind ...
... leider, ja ...

Haben Sie vermisst, dass die einzelnen Regierungen für das Projekt werben?
Wenn man zehn Jahre lang über Europa prinzipiell schlecht redet und europäische Entscheidungen zu Hause als Sieg über andere verkauft statt als gemeinsame Leistung, dann darf man sich nicht wundern, wenn man das Gefühl nicht mehr vermitteln kann, dass Europa der Raum ist, wo man gemeinsame Interessen gestaltet. Wer die Braut als hässlichstes Mädchen im Dorf beschreibt, darf sich nicht wundern, wenn zur Trauung nur wenige Leute in die Kirche kommen. Nein, wundern darf man sich nicht. □

Luxemburg ist Vorreiter der Europäischen Union und einer seiner stärksten Antreiber

Das Zugpferdchen

In den großen europäischen Staaten zählt Europa nicht viel, das legt zumindest die niedrige Wahlbeteiligung bei Europawahlen nahe. Nicht so in Luxemburg, das kleine, feine Herzstück Europas hatte bei der letzten Europawahl eine Beteiligung von satten 90 Prozent und blickt auf eine lange EU-Tradition zurück. Schon 1951 gründen die kleinen Benelux-Staaten mit Frankreich, Deutschland und Italien das Kohle- und Stahlhandelsbündnis EGKS, wichtigste Grundlage für alle zukünftigen Integrationsschritte der Europäischen Union. Die EGKS, zunächst nur provisorisch nach Luxemburg gelegt, wird rasch zum Aushängeschild, und dann geht plötzlich alles ganz schnell.

Ab Ende der 60er Jahre entsteht das Europa-Viertel auf dem Kirchberg-Plateau, zeitgleich entwickelt sich die Luxemburger Wirtschaft weg von Bergbau und Schwerindustrie, hin zum Dienstleistungs- und Finanzsektor, und die Hauptstadt wird vom Provinz-Städtchen zur reichen Metropole.

Heute ist Luxemburg europäisches Zentrum mit hohen EU-Institutionen. Der Europäische Gerichtshof, der Rechnungshof, die Europäische Investitionsbank, sowie Verwaltung und Sekretariat des Europäischen Parlaments und zahlreiche Büros und Generaldirektionen der Kommission haben ihren Sitz in Luxemburg.

Luxemburg ist engagiertes Sprachrohr der kleineren Mitglieder, Aktivist und Vorreiter der europäischen Integration. Ein kleines wendiges Zugpferd, fähig, beschwerliche und große Länder anzutreiben.

MERIAN | INFO Die wichtigsten EU-Institutionen

Europäischer Rat
Gipfeltreffen aller Staats- und Regierungschefs der Mitgliedsländer, bei der der Kommissionspräsident, ein weiterer Kommissar und die Außenminister der Länder als Berater mitwirken.

Europäische Kommission
(Sitz in Brüssel)
Exekutivorgan der EU, zuständig für die Umsetzung aller Beschlüsse auf EU-Ebene. Vom Rat wird ein Kommissionspräsident bestimmt, der seine Kommission für fünf Jahre ernennt.

Europäisches Parlament
(Straßburg, Sitzungen in Brüssel, Verwaltung in Luxemburg)
Das Parlament ist die Vertretung aller 27 EU-Mitgliedstaaten mit 732 direkt gewählten Abgeordneten. Die Mitgliedsländer haben den Beschluss von europaweiten Gesetzen und Verordnungen abgetreten. Diese Gesetzgebungskompetenz teilen sich Parlament und Rat.

Europäischer Gerichtshof
(Luxemburg)
Was immer in Brüssel beschlossen wird: die Ausführung wird meist in Luxemburg in Worte gefasst. Der EuGH legt das Europäische Recht aus, seine Entscheidungen brechen nationales Recht.

Europ. Rechnungshof
(Luxemburg)
Der Rechnungshof überprüft die Einhaltung des Haushaltsplans und die ordnungsgemäße Verwendung von EU-Geldern. Er kann die Finanzen aller EU-Organe kontrollieren, wird aber bei Verstößen nicht selbst tätig.

Europ. Investitionsbank
(Hauptsitz Luxemburg)
Der Auszahlungsschalter Europas: Vergabe von Krediten und Bürgschaften im Einklang mit den Zielen der EU.

Rat der Europäischen Union (Ministerrat)
(Brüssel und Luxemburg)
Regelmäßiges Treffen von Ministern aus Mitgliedsstaaten, je nach Aufgabenbereich und Politikfeld in den Allgemeinen Rat (Treffen der Außenminister) und Treffen von Fachministern (Finanzminister, Umweltminister etc.) aufgeteilt.

Sitz hoher Institutionen: Magdalena Jetelovas „Stuhl" vor dem Europäischen Gerichtshof

KULTURHAUPTSTADT

Saudade an der Sauer

TEXT: BERTRAM JOB, FOTOS: WALTER SCHMITZ

In Echternach stellen die Portugiesen fast ein Drittel der Bevölkerung. Ihre neue Heimat am Grenzfluss Sauer erscheint ihnen jedoch noch immer ein wenig fremd. Und dann befällt manche von ihnen die typisch portugiesische Schwermut – die Saudade

Junge und Alte pflegen gemeinsam ihre Traditionen. Wenn die Folklore vorüber ist, gehen die Alten nach Haus, die Jungen in die Disco

Leben wie in der Heimat, nur mit etwas weniger Sonne

Portugal im Kleinen: Pietàs gibt's im Supermarkt von Larochette und Olivenöl im Sonderangebot

Trachten erzählen: die Farben von der Region, der Schmuck von deren Reichtum

Eine Mischung aus mitteleuropäischer Bürgerlichkeit und lusitanischer Pracht. Ist das Integration?

Reminiszenz an alte Zeiten: Hausschild der Familie Mendes in portugiesisch blauer Kachel

Die Geschichte ist nun schon ein paar Monate her, aber Carlos Isidoro will sie einfach nicht aus dem markanten Schädel gehen. Also, da kommt eine komplette Familie aus Portugal mit ihrem Kleinwagen im Zentrum der Stadt Luxemburg an – Vater, Mutter und zwei Kinder. Tag um Tag sieht man die vier bald hier und bald da auftauchen, und an den Abenden verschwinden sie spurlos. Nach mehr als einer Woche entdecken Verkehrspolizisten dann ihre Unterkunft: Es ist das Auto, mit dem sie hergekommen sind. „Die sind ohne was zu wissen einfach von zu Hause losgefahren, um ein neues Leben anzufangen", sagt Isidoro, „und sie parkten mitten in der Stadt. Die kannten absolut niemand!"

Das kleine Luxemburg als große Hoffnung, ein weit ausstrahlender Leuchtturm im Herzen Europas, der Wohlstand und eine rosige Zukunft verspricht – so sehen es viele Portugiesen eben bis heute. Und vielleicht rührt Herrn Isidoro diese Geschichte auch deshalb so, weil er zu einem gewissen Teil seine eigene darin erkennt. Viel mehr als nichts wusste auch er nicht, als er vor 22 Jahren ins Großherzogtum fand: Carlos Manuel Simões Ferreira Isidoro, Soldat in Angola und Kellner in Italien, der nach einigen Jobs auf Kreuzfahrtschiffen hierher kam, um einen Freund zu besuchen. „Ich wollte eine Woche bleiben", erzählt er und lässt amüsiert die Hand mit der Zigarette auffliegen, „aber dann dauerte es bis heute." **Es muss also etwas dran sein an der besonderen Anziehungskraft Luxemburgs, denn Carlos Isidoro ist bei weitem nicht der einzige seiner Art.**

Zwischen Clervaux und Esch haben sich inzwischen fast 68 000 Zuwanderer aus Portugal unter die 460 000 Luxemburger gemischt – ein Anteil, den keine andere ausländische Bevölkerungsgruppe erreicht. Und hier in Echternach, dem ältesten Ort des Landes an der Grenze zu Deutschland, ist sogar jeder Dritte der Herkunft nach Lusitanier. Hier hat sich auch Herr Isidoro einen festen Platz unter 5000 Einwohnern erobert, nicht nur in seinem Lieblingscafé an der Place du Marché. Drei Zimmer nahe dem Zentrum teilt er mit Ehefrau Alice, drei Töchtern, einem 24-teiligen Porzellanservice mit Benfica-Wappen und einer ganzen Bibliothek von Fotoalben.

Wenn er nicht gerade den Bus der Linie 7 durch die Stadt Luxemburg steuert, ist Carlos Isidoro nämlich am liebsten mit der Kamera unterwegs. Er fängt dann die Szenen und Landschaften des Müllerthals ein, das ihm zumindest eine halbe Heimat geworden ist. Die Hügel und Täler entlang der Our im Morgennebel, die so viele Kanufahrer anlocken; die gepflegten Gassen und Plätze im historischen Ortskern von Echternach, beliebt als Ausflugsziel für Wanderer und Radfahrer. Dazu kommen die Schnappschüsse von den Ferien in Portugal: dicht gedrängte Gruppen voller Onkel, Nichten und Neffen; Abendstimmungen im Douro oder in der Algarve.

„Keiner macht bessere Fotos als ich", ist Isidoro überzeugt. Deshalb hat er die besten Urlaubsmotive auch

Erinnerung an den Süden: viele Fotos und Benfica-Porzellan

Portugiesen sind die einzigen im Land, die gepflegten Fußball spielen können. Ihre Vorbilder müssen sie im Ausland holen

in das Internetportal des Echternachher Freundeskreises, der *Amitié Portugal–Luxembourg,* gestellt. **Diesen Freundeskreis, der heute 300 aktive Mitglieder hat, rief Carlos Isidoro vor 16 Jahren ins Leben, „weil es damals überhaupt kein Forum für kulturellen Austausch zwischen den Bevölkerungsgruppen gab. Es war so langweilig, hier zu leben."**

Aber Alice da Conceição Rodrigues Reis Isidoro, seine Frau, möchte diese ganzen Fotos so selten wie möglich sehen. Sobald ihr Mann eines der Alben öffnet, geht ihr das Herz auf und sie wird melancholisch – *saudade*, wie man in Portugal sagt. Alice trägt als Kindergärtnerin zwar nicht unwesentlich zum Erwerb der Familie bei, und bei so manchen Messen in der imposanten Basilika begleitet sie den Gesang auf einer elektrischen Standorgel. Doch wirklich angekommen ist sie in Echternach bis heute nicht. Im Winter fehle das Licht, sagt sie, und bei aller Akzeptanz im Ort bleibe ein Unterschied: „Man spürt, dass man

Die Eltern haben Sehnsucht, die Kinder sind hier zu Haus: Carlos und Alice Isidoro mit ihren Töchtern und Schwiegersohn in spe

kein Luxemburger ist." So diskutieren sie manchen Abend, was geschehen soll, wenn Carlos nicht mehr Bus fährt und Alice genug hat von fremden Kindern. Die eigenen sind nun 21, 18 und 13 Jahre und sagen, dass sie hier zu Hause sind. Raquel, die älteste, will bald mit ihrem französischen Freund zusammenziehen. Silvia ist 18 und begabt genug, um mal zu studieren. „Wenn wir Großeltern sind, werden unsere Enkel wohl in Luxemburg aufwachsen", sagt Carlos, „was soll ich da in Portugal?" Dann beißt sich Alice auf die rosigen Lippen, starrt ins Leere und wird stumm. Saudade.

Bleiben oder zurückkehren, sich anpassen oder sich sehnen – überall in Europa sind die großen Fragen für Arbeitsimmigranten die gleichen. Im Großherzogtum waren es seit dem 19. Jahrhundert zuerst vor allem Italiener, die einwanderten. Die meisten schwitzten in den Eisenhütten und Walzwerken, bis die Montanindustrie in den 1960ern zusammenbrach. Bald darauf folgte die erste Welle von Portugiesen. Sie erledigten, wozu den Luxemburgern inzwischen Lust und Geschick fehlten. Die Männer rackerten auf den Baustellen und in den Autowerkstätten, die Frauen waren Putzfrauen und Küchenhilfen – und über die Jahre folgten ihnen immer mehr Verwandte und Freunde nach.

Integration war da noch unbekannt im Müllerthal, denn beide Seiten dachten rein pragmatisch. Die billigen und emsigen Kräfte nutzten die Chance, im Wohlstandsstaat steuergünstig zu prosperieren und hielten dabei Gewerbe und Gastronomie in Schwung. Ansonsten blieben sie schon aus Zeitmangel im Hintergrund. Wenn überhaupt, zeigten sie sich am Wochenende, bei den französischsprachigen Messen in der Basilika. Dort füllten sie schnell die Bänke der Andächtigen auf, während ihre Kinder die Reihen der Messdiener schlossen (heute, so heißt es, stellen sie mehr als 50 Prozent). Hier Maria, dort Fatima: Als gläubige Katholiken waren sie ja ziemlich kompatibel.

Ob Echternachs Bevölkerung dabei über die Jahre allerdings wirklich zusammengewachsen ist – Marco Macedo Foz möchte es eher bezweifeln. Der 31-jährige Sprachlehrer ist in der Stadt „so etwas wie eine Rarität", wie er akzentfrei formuliert. Statt wie die meisten Zuwandererkinder auf den einfacheren technischen Zweig des Gymnasiums zu gehen, durchlief er mühelos den klassischen Zweig, studierte in Porto und kehrte dann als ausgebildeter Pädagoge zurück. Er ist ein Musterbeispiel für die durchlässige Gesellschaft und nebenbei Moderator beim Lokalsender „Radio Aktiv 106.5", der aus dem umgebauten Zollhaus an der Brücke nach Deutschland ein multikulturelles Programm ausstrahlt. Und dennoch ist er Skeptiker geblieben. „Man lebt hier mehr neben- als miteinander", sagt Foz, denn „da ist immer eine unsichtbare Mauer."

Der schlaue Marco mit den graugrünen Augen: Erst sah er zu, wie seine Eltern, als Kellner und Küchenhilfe gestartet, sich zu stolzen Besitzern eines der bestgelegenen Hotels mit Restaurant im Ort hocharbeiteten – dem *Petit Poète*, auf dessen Terrasse auch Carlos Isidoro so gern Platz nimmt. Dann stieg er selbst auf, um nun in der Hauptstadt Zugewanderte aus allen Windrichtungen auf die Sprachprüfung

Feiern wie im Süden: Beim Dorffest in Rosport spielt die Kapelle aus Echternach lusitanische Volksweisen auf

Überall die gleichen Fragen: Bleiben oder zurückkehren?

zum Erwerb der Staatsbürgerschaft vorzubereiten. Aber auch Luxemburger sind unter den Schülern, denn seit die Regierung auf *Lëtzebuergesch* als Amtssprache pocht, haben viele hier ein Problem: Sie kennen die seit 1999 verbindliche Rechtschreibung ihres mündlich tradierten Zungenschlags selbst nicht so genau.

Ein Portugiese, der den Luxemburgern ihre eigene Sprache erklärt – auch das gibt es also im babylonischen Sprachturm des Großherzogtums. In den Grundschulen wird mit Deutsch begonnen, und schon im zweiten Schuljahr lernen die Kinder Französisch. Sport und Kunst finden auf Lëtzebuergesch statt – und ab 13 kommt Englisch hinzu. So werden die Migrantenkinder zu fünfsprachigen Teenagern ausgebildet, die meist so mühelos wie Silvia Isidoro zwischen den Kulturen hin- und herwechseln.

Am Freitagabend etwa, wenn sich im Pavillon am See die Folkloregruppe trifft, ist die 17-Jährige hundertprozentig lusitanisch. Dann übt sie mit all den anderen die traditionellen Gruppentänze ein, die sie bei Gelegenheit in der vollen Tracht der Leute aus dem

Treffen sich die Portugiesen in der Bar in Larochette, geht es meistens um Fußball und immer um die Heimat

Zukunft und Vergangenheit: Auf dem Marktplatz vor Echternachs altem Rathaus nimmt eine neue Generation Fahrt auf

Gymnasium in der Orangerie der Abtei: Im alten Gemäuer lernt Echternachs Jugend fünfsprachig

Traditionen ohne Wehmut: Junge Portugiesinnen stehen in Strickstrümpfen und Stickschürzen stolz zu ihrer neuen Heimat

Sie kamen als Fremde hierher und wurden zu Freunden

Minho aufführen – jener Region nördlich von Porto, aus der die meisten Portugiesen in Echternach stammen. **Weiße Strickstrümpfe in halboffenen Schuhen und üppig bestickte Röcke, die bei den Akkordeonmelodien aufwirbeln. Schon auf dem Heimweg aber spielen sich die Mädchen mit ihren Handys die Hits von Black Eyed Peas und Anastacia vor – und landen am Samstagabend irgendwo zwischen Diekirch und Bitburg in der Disco.**

Es sind die im Ort eingeschulten Nachfahren, sagt der junge Bürgermeister Marc Diederich, bei denen die „Integration auf mehreren Ebenen" gut funktioniert. Bei ihren Eltern gäbe es aber oft noch „eine Tendenz, sich auszuschließen". Und wenn sie in den Ausschüssen der Gemeinde bis heute kaum vertreten sind, wie Carlos Isidoro des öfteren moniert, so liege das auch an ihnen selbst: „Es ist nicht so einfach, sie dazu zu motivieren." Ähnlich klagt Herr Zimmer vom Pfarrrat, dass sich portugiesische Gläubige kaum an der Gemeindearbeit beteiligten: Man gehe fleißig in die Messe, aber mehr nicht. „Das sind nur Besucher."

Einmal im Jahr, an Christi Himmelfahrt, säumen die gottesfürchtigen Portugiesen bei der Fatima-Prozession zu Zigtausenden die Straßen der Ortschaft Wiltz. Und bei ihrem Kulturfest im Frühsommer beherrschen sie auch in Echternach die Szenerie. Ansonsten aber besetzen sie hier nur kleine Nischen. Ein paar Läden mit *vinho verde, chouriço* und *bacalhau*, Wein, Würstchen und Stockfisch, aber nicht ein einziges portugiesisches Restaurant. Ein paar Cafés mit Satelliten-TV für die Spitzenspiele der Fußballklubs aus Porto und Lissabon, in denen abends die *sueca*-Karten gedroschen werden. Und eine eigene Fußballmannschaft, FC Sporting Portugais Echternach, die sich bei Turnieren mit anderen portugiesischen Teams misst.

In dieser kickenden Parallelgesellschaft hatte auch Julio Paulos, der im Ortskern einen Schreibwarenladen führt, als Mannschaftsvorstand früher mitgewirkt – und das aus einfachem Grund. „Uns fehlte die Emotion beim Spiel", sagt er in bestem Deutsch, „das lief doch meistens wie auf einem Begräbnis ab." Aber natürlich ist der schnauzbärtige Fußballnarr auch auf dem Sportplatz, wenn sich dort der 1921 gegründete Daring-Club Echternach um den Aufstieg aus der dritten Liga müht. Und fünf, sechs gebürtige Portugiesen sind dann immer unter den elf Männern in den schwarz-gelben Trikots. Mindestens.

Denn das ist vielleicht das Wichtigste an dem kleinen Ort im Herzen Europas: Man braucht hier einen Julio Paulos, einen Marco Foz und die Isidoros, damit die Busse und Bälle rollen – und alle wissen, dass die Zukunft ihnen gemeinsam gehört. □

Bertram Job, *weitgereister Autor aus Düsseldorf, findet überall auf der Welt einen Weg, seiner Passion für portugiesischen Fußball zu frönen.*
Walter Schmitz, *Hamburger Fotograf, war beeindruckt vom friedlichen Zusammenleben der Kulturen in Echternach.*

Unheimlich

512 Seiten, gebunden

Marklunds Meisterstück: rasant und spannend.

Anrührend

240 Seiten, gebunden

Die neue französische Leselust!

Wunderbar

240 Seiten, gebunden

Der Wahn-sinn hat eine Adresse.

| Hoffmann und Campe | *Das will ich lesen*

STILLER JUNGE LIEBT GROSSE WORTE

Michel Majerus' Werk ist gigantisch, grell und voller Aufbruchstimmung. Ein wildes und freches Zeugnis der neunziger Jahre

Text: Karola Kostede

Der Megaturnschuh scheint jeden Moment aus dem rechten Bildrand zu treten. Umgeben ist der übergroße Digitaldruck eines Nike-Schuhs von dahinfließenden, bunten Linien, die an psychedelische Tapetenmuster erinnern. Unten links klebt ein Lautsprechersymbol, von einem roten Halbkreis umgeben.

Was ist das nur für ein gigantisches Werk? Eine Arbeit von Michel Majerus mit dem Titel: „yet sometimes what is read successfully, stops us with its meaning, no. II" (frei übersetzt: „doch manchmal blockiert uns das, was wir erfolgreich lesen, durch seine Bedeutung"). Diese am Computer erstellte Arbeit war zum ersten Mal 1998 in Luxemburg auf der „Manifesta 2", der europäischen Biennale für zeitgenössische Kunst, zu sehen. Doch der Künstler wollte seinen Riesenschuh nicht in der Ausstellungshalle präsentieren, sondern in einem nahe gelegenen Multiplex-Kino, in dem ein unvorbereitetes Publikum auf seine Kunst treffen sollte. Die fünf Meter breite Betonwand „direkt neben der Popcornmaschine" erschien Majerus ideal, und so orderte er umgehend das von ihm benötigte Arbeitsmaterial bei der Kuratorin.

Zu diesem Zeitpunkt zählte der 1967 in Esch-sur-Alzette in Luxemburg geborene Michel Majerus längst zu den gefragten Männern der Gegenwartskunst. Er war eine Ausnahmeerscheinung, einer, der 1996, nur vier Jahre nach seinem Abschluss an der Staatlichen Akademie in Stuttgart, mit einer Einzelausstellung in der renom-

Only the good die young: Michel Majerus war durchaus nicht der Typ des aufsässigen Künstlers. Die ihn kannten, beschreiben ihn eher als schüchtern. Nur knapp zehn Jahre blieben ihm für sein Werk, 2002 stürzte er mit einem Flugzeug über seiner Heimat ab

Oben: „Katze", 1993, Öl und Acryl auf Leinwand, 714 × 966 cm (9 Teile zu je 238 × 322 cm)

Ganz links: „DECODER", 1997, Dispersionsfarbe auf Wand; Größe variabel

Links: „yet sometimes what is read successfully, stops us with its meaning, no. II", 1998, Lack und Digitaldruck auf Aluminium, 279 × 485 cm

mierten Kunsthalle Basel aufwarten konnte.

„Das ist mein größtes Privileg, nicht das zu machen, was die anderen machen", sagte Majerus und setzte Computerspielheld Super Mario oder Techno-Gott Sven Väth auf seine Leinwand. Das Zeitungscover mit Schockrocker Marilyn Manson arrangierte er mit Farbschlieren und weißen Flächen, weiße Holzschachteln verzierte er mit „Toy Story"-Figuren, um sie anschließend wie Getränkekisten übereinander zu stapeln.

Er malte Comic-Kätzchen auf gigantische Paravents und Riesenlettern auf weißen, meterbreiten Grund und haute dem Betrachter Wörter wie „DECODER" oder „ROOM1" auf die Augen. Und als sei das noch nicht genug, gab es dazu jede Menge provokanter und großer Sprüche auf bunten Farbkreisen wie: „fuck the intention of the artist" („scheiß auf die Absicht des Künstlers") oder „what looks good today, may not look good tomorrow" („was heute gut aussieht, sieht morgen vielleicht nicht mehr gut aus").

Michel Majerus schien alles, was ihm in seinen Wohnorten Berlin und Los Angeles unterkam, aufzusaugen wie ein wild gewordener Staubsauger. Kunstkritiker Raimar Stange nannte ihn eine „Bildaufbereitungsmaschine", andere versuchen sich mit Wörtern aus der Popkultur zu behelfen. Der Begriff des *sampling*, der das Mischen unterschiedlicher Musikfragmente beschreibt, wird gern auf seine Bilder übertragen.

Majerus zitierte gern und ständig, nicht nur aus der Alltagswelt, der Welt der Computer, der Musik und der Werbung, auch aus der Kunstgeschichte. Wo er mit Farbe schmierte oder sie verwischte, kommen Assoziationen zum Werk des abstrakten Expressionisten Willem de Kooning auf. Ein Riesenschuh oder eine heruntergekommene Strandtoilette in L.A., von ihm fotografiert, erinnern an Andy Warhols Tomatendosen.

Doch die Werke von Majerus sind nicht nur eine willkürliche Ansammlung von Bildern. Fotos, Computerspiele und Slogans hat er so komponiert, dass sie dem Betrachter fast einen Schock versetzen – oder zumindest einen gewaltigen Tritt.

Selbst die „Farbwellen" des Schuh-Bildes, wie Majerus sie nannte, füllen nicht nur einfach Fläche. Sie verbinden schwungvoll das übergroße Digitalfoto mit dem Piktogramm. Nur so gesetzt, ergeben der Schuh, die Farblinien und das Lautsprechersymbol ein Spannungsfeld. „Ich habe das lange versucht – es geht genau *so* auf den Millimeter, anders geht es nicht", sagte Majerus. Seine Arbeiten passen weder in Wohnzimmer noch in durchschnittliche Galerien, die meisten sind Supersize-Formate, manche bis zu zehn Meter breit; einige können auch schon mal eine ganze Häuserfront in Beschlag nehmen.

Wie 1999, als Majerus auf der Biennale in Venedig den italienischen Pavillon mit Wandverzierungen in einen Computerbildschirmschoner verwandelte. Ein Jahr später quetschte er eine 46 Meter lange Halfpipe in den Kölnischen Kunstverein. Die jungen Skater, die sie befahren wollten, mussten gleich wieder gehen, denn die Bahn war nicht zur Nutzung geeignet, was schon der Titel vermuten ließ: „if we are dead, so it is" („wenn wir tot sind, ist es eben so"), heißt diese vieldeutige Arbeit. Für noch mehr Furore sorgte

MERIAN | INFO Majerus: Leben und Ausstellungen

1967 geboren in Esch-sur-Alzette, Luxemburg
1986–92 Studium an der Staatlichen Akademie der Bildenden Künste in Stuttgart
1992 „Mr. Proper und anderes", Berlin
1993 Stipendium der Akademie in Stuttgart
1993 Umzug nach Berlin
1993 „polish women", allgirls gallery, Berlin
1994 „gemälde", Einzelausstellung Galerie neugerriemschneider
1996 Einzelausstellungen auf der Kykladeninsel Syros und in der Kunsthalle Basel
1997 Majerus verwendet Computerdrucke
1999 Biennale Venedig
2000 Taipeh-Biennale
2000–01 Aufenthalt in Los Angeles
2002 „Sozialpalast", Brandenburger Tor
6. 11. 2002 Majerus stirbt bei einem Flugzeugabsturz

Ausstellung in Luxemburg bis 7. Mai 2007 im Mudam
Tel. 453 78 59 60
www.mudam.lu
Mi–Mo 11–18 Uhr, Mi bis 20 Uhr
Eintritt 5 €, erm. 3 €

Majerus' Installation „Sozialpalast", die eine politische Deutung nahelegt. Im September 2002 verhüllte das riesige Digitalfoto eines maroden Wohnkolosses aus Berlin-Schöneberg das Brandenburger Tor. Das Werk begleitete die Bundestagswahl, die ganze Welt schaute auf Berlin-Mitte und sah statt des Wahrzeichens ein Wohnsilo der etwas schlichteren Art.

Mancher Reporter konnte dieses Bild nicht erklären, und als der Künstler selbst zum ersten Mal „das Monster", wie er es nannte, sah, da rief er einen Freund an, der ihn bei dem Projekt unterstützt hatte, und lachte laut ins Telefon. Majerus spielte mit Bildern, mit ihrem Image und ihrer ursprünglichen Bedeutung.

Nur zwei Monate nach dieser spektakulären Aktion verunglückte er im Alter von 35 Jahren bei einem Flugzeugabsturz über Luxemburg. Hinterlassen hat das junge Ausnahmetalent mehr als 1500 Werke; eine enorme Zahl.

Und heute? Sind seine Bildwelten vor allem ein Abbild der neunziger Jahre, ohne eine wirklich fassbare Intention? Michel Majerus hat selbst erklärt: „Die Sicherheit der endgültigen Aussage gibt es bei mir nicht." □

Karola Kostede *ist Hamburger Kunsthistorikerin und freie Autorin.*

Oben: „load" (Ausschnitt), 2001, Acryl auf Leinwand, 280×400 cm

Links: Videoinstallation in der Majerus-Retrospektive „pop reloaded" im Hamburger Bahnhof, Berlin

Unten: „Sozialpalast" am Brandenburger Tor, 2002, Digitaldruck auf Kunststoff, 17×39 Meter

Europaweit wurde in Ausstellungen Majerus' Werk gewürdigt. So waren 2005 in Hamburg seine Riesenformate zu sehen, darunter „you know you've got a bad habit, you breathe" (links; 2001, 560×800 cm) und „aquarell" (1996, 980×960 cm)

Familienerbe

Für die Ausstellung »The Family of Man« sammelte Edward Steichen Fotografien aus aller Welt. Sie ist ein Spiegel ihrer Zeit und doch zeitlose Friedensbotschaft, zu entdecken im Schloss Clervaux

Humanist aus vollem Herzen: Edward Steichen (1879-1973), gebürtiger Luxemburger und eingebürgerter Amerikaner, war Fotodirektor des Museum of Modern Art in New York und konzipierte 1951-54 die Ausstellung. Später vermachte er die Sammlung seinem Heimatland

Sizilien: Armut auf dem Lande *(Vito Fiorenza)*

Japan: Leben in starren sozialen Regeln *(Carl Mydans, 1948)*

Südliches Afrika: Eine uralte Kultur überlebt *(Nat Farbman, 1947)*

USA: Großfamilie auf dem Weg in die neue Zeit *(Nina Leen, 1946)*

35 Themen umkreist die „Family of Man", von Geburt bis Tod, von Glück bis Elend. Den Kern der Ausstellung bilden Fotos realer Familien, deren bloße Zusammenstellung einer Kulturgeschichte des menschlichen Alltags gleicht

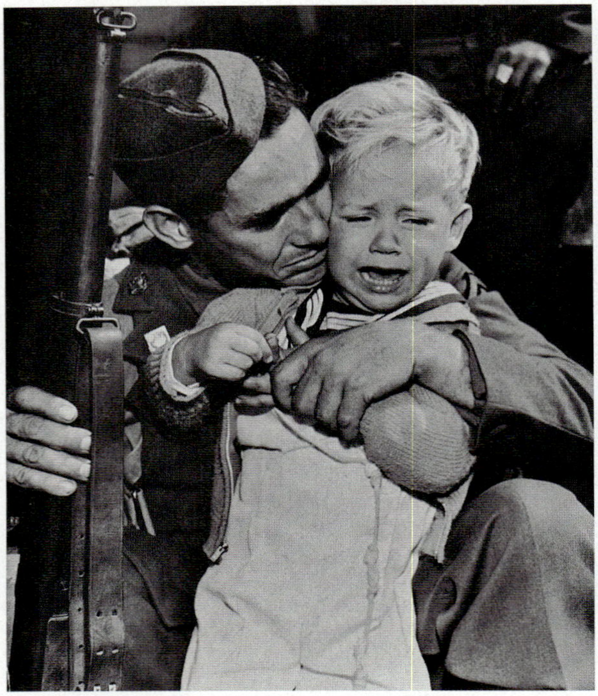

USA: Trostloser Abschied *(Bob Jakobsen)*

England: Laufsteg der Vorstadt *(Bill Brandt)*

Steichen wollte ein positives Menschenbild **vermitteln, einen Kontrast zum Elend des kaum vergangenen Weltkrieges. Das brachte ihm den Vorwurf der Naivität und Beschönigung ein**

USA: Stille Betrachtungen – von allen Seiten *(Elliott Erwitt, 1953)*

Eniwetok (Mikronesien): Tod im Südpazifik *(Raphel Platnick, 1944)*

USA: Aufwachsen mit Gewalt
(W. Eugene Smith)

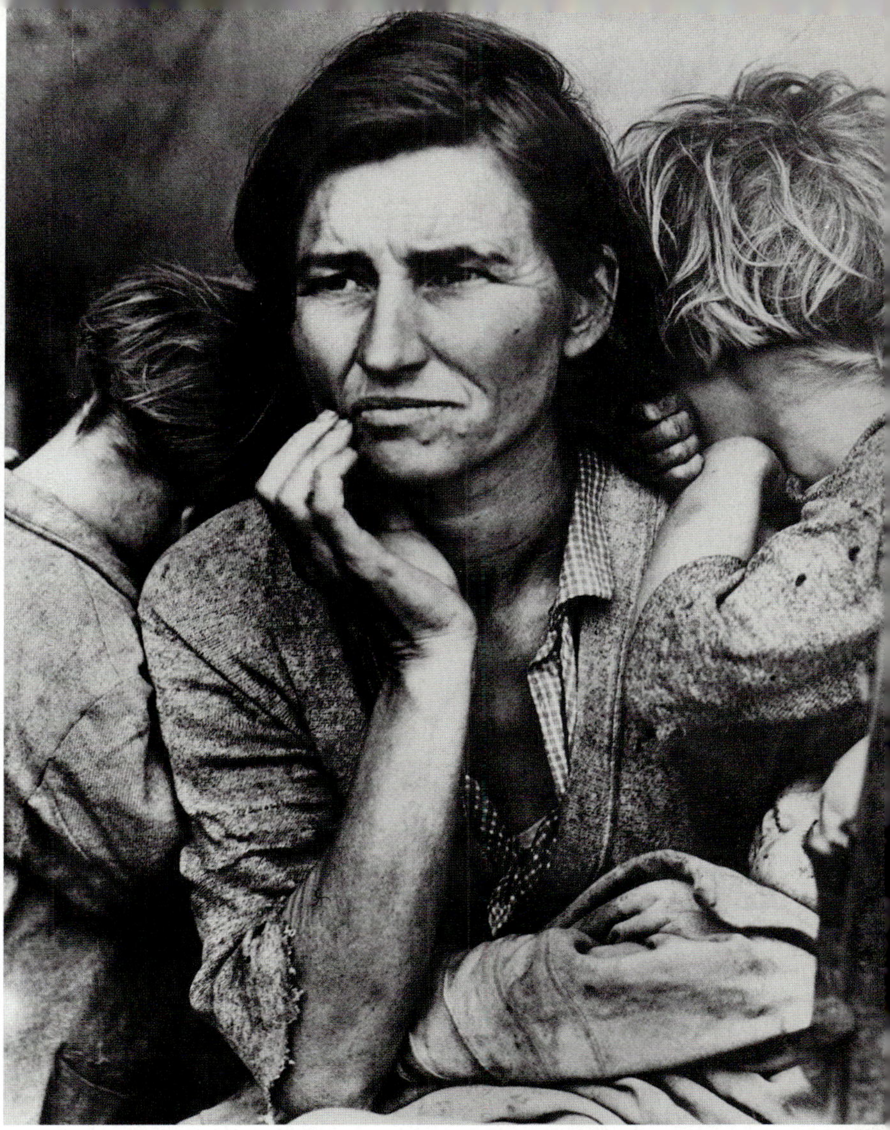

USA: Ungewisse Zukunft in der großen Depression *(Dorothea Lange, 1936)*

lien: Analphabetismus war ein weit verbreite-
s Problem *(David Seymour, 1950)*

Ungarn: Als die Pusztahirten noch lange nicht in der Europäischen Union angekommen waren *(Werner Bischof, 1947)*

Deutschland: Maurergehilfe in der Weimarer Republik *(August Sander, 1928)*

Kaschmir: Meisterfotograf Cartier-Bresson entdeckte, unter anderem als Begleiter Ghandis, ein für viele unbekanntes Indien *(Henri Cartier-Bresson, 1948)*

Die Bilder zeigen eine Welt von gestern, doch ihr Anliegen ist noch immer aktuell

1964 machte die US-Regierung dem Großherzogtum Luxemburg ein Geschenk: rund 500 Bilder der wohl spektakulärsten Fotoausstellung aller Zeiten fanden eine neue und endgültige Heimat. So hatte es sich der Vater des ambitionierten Projekts gewünscht: Edward John Steichen, geboren als Eduard Jean Steichen im luxemburgischen Bivange.

Steichen – selbst einer der erfolgreichsten Fotografen seiner Zeit – hatte sich 1955 mit der Ausstellung einen Lebenstraum erfüllt. In jungen Jahren hatte er bereits als Maler und Fotokünstler von sich reden gemacht. Als Galerist stellte er, als einer der ersten in Nordamerika, die europäische Avantgarde um seinen väterlichen Freund Auguste Rodin aus. In den 40er Jahren konzipierte er im Auftrag der US-Regierung die eher propagandistischen und kriegsverherrlichenden Ausstellungen „The Road to Victory" und „Power in the Pacific". Bereits zu dieser Zeit beschäftigte den Humanisten Steichen die Idee einer Ausstellung, die dem Grauen der Weltkriege ein positives Menschheitsbild entgegensetzen könnte.

Vier Jahre lang – von 1951 bis 1954 – arbeiteten Steichen und sein Assistent Wayne Miller an der Ausstellung. Vier Millionen Fotografien von Amateuren und Profis aus aller Welt wurden von einem Team gesichtet, bis eine Vorauswahl von 10000 Bildern getroffen war – Schnappschüsse aus Familienalben gehörten ebenso dazu wie Fine-Art Prints der Größen der internationalen Fotografie. Am Ende blieben 503 Aufnahmen übrig, die ursprünglich in 37 Themenbereiche geordnet wurden: „The Family of Man" erzählt von Geburt und Tod, Liebe und Trauer, Jugend, Musik, Tanz, Gewalt und Armut – von allen Facetten menschlicher Existenz.

Als die Ausstellung am 24. Januar 1955 im New Yorker Museum of Modern Art eröffnet wurde, war die Resonanz gewaltig. Innerhalb weniger Tage wurde die Ausstellung zum Blockbuster. Das Ziel, erstmals ein Massenpublikum in eine Fotoausstellung zu locken, war erreicht. Ingesamt neun Millionen Besucher in 69 Ländern auf allen fünf Kontinenten sahen dieses visuelle Plädoyer für Humanismus und Frieden. Steichen hatte auf dramatische Effekte und Emotionen gesetzt. Die für die 50er Jahre neuartige Konzeption und Hängung unterstützte die Auswahl affektgeladener Sujets durch großflächige Fotografien neben kleinformatigen Bildtafeln, begehbare Installationen, Texttafeln mit Zitaten aus religiösen und philosophischen Werken. Steichen inszenierte mit Licht, Form und Bildausschnitt. Am Ende entstand so ein vollkommen eigenes Kunstwerk – zum Missfallen einiger der vertretenen Fotografen. Die Ausstellung wirkte eher dynamisch wie ein Film und nicht wie eine statische Exposition. Die Besucher jedoch fanden sich und ihren Alltag in den universellen Aussagen und Emotionen der Bilder wieder

In der Fachwelt polarisiert „The Family of Man" bis in die Gegenwart. Einer der prominentesten Kritiker war der französische Philosoph Roland Barthes. Er kritisierte die aus seiner Sicht naive Position der Ausstellung scharf. Barthes warf Steichen vor, den Menschen als von Natur aus gleich darzustellen und damit die Ungerechtigkeiten der Welt glatt zu übersehen: „Dass das Kind unter guten oder schlechten Bedingungen geboren wird, dass es seine Mutter Schmerzen kostet oder nicht, dass es von Sterblichkeit betroffen wird oder nicht (...), *davon* müssten die Ausstellungen zu uns sprechen, und nicht von einer ewigen Lyrik der Geburt", schimpfte der Philosoph.

Andere Kritiker gingen noch weiter und warfen den Ausstellungsmachern die Weichzeichnung von Krieg und die weitgehende Ausblendung des Holocausts vor. Steichen hatte allerdings bewusst fast vollständig auf die Darstellung von Opfern verzichtet. Denn seine Ausstellungen mit Kriegsbildern hatten ihm gezeigt, dass solch harte Fotografie das Publikum fernhält. Steichen und Miller wollten ein positives Zeichen gegen den Krieg setzen – und

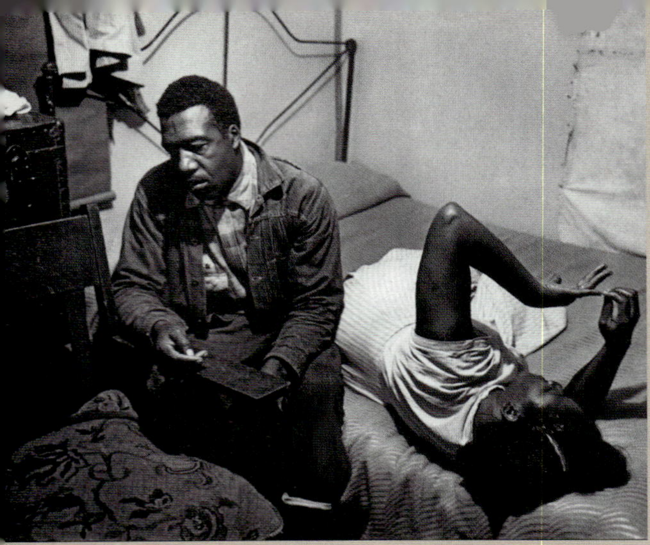

USA: Armut ohne Aussicht. In Amerika damals wie heute ein Problem der Schwarzen *(Wayne Miller)*

USA: Lachendes Publikum in den Südstaaten – und die Weißen sind unter sich *(Arthur Witman)*

Ein Kunstwerk als Momentaufnahme, in der jede Generation etwas Neues sieht

das mit großem Einsatz. So überzeugten sie die kooperierende United States Information Agency sogar, die Ausstellung in Moskau, dem Herzen der Sowjetunion, zu zeigen – zu einer Zeit, in der das Komitee des Kommunistengegners Joseph McCarthy gegen viele US-Künstler aus weit geringeren Anlässen Berufsverbote und Existenzvernichtung betrieb.

Im Jahr 2003 schließlich fügte die Unesco „The Family of Man" ihrem „Gedächtnis der Menschheit" hinzu. Eine Würdigung, die diese umstrittene Ausstellung sicherlich zu Recht erfuhr. Denn sie bewahrt nicht nur Arbeiten einiger großer Fotografen des 20. Jahrhunderts wie Henri Cartier-Bresson, Robert Capa, Ansel Adams, Richard Avedon und Diane Arbus, sondern sie ist selbst ein historisches Dokument – das manchmal auch ohne Absicht erzählt: Eine Fotografie von Arthur Witman beispielsweise zeigt ein ausgelassenes Theaterpublikum in Missouri. Ein fröhliches Bild, und dem Betrachter fällt erst bei näherem Hinsehen auf, dass auf dem Bild kein einziger Schwarzer zu sehen ist. Zu Zeiten der Rassentrennung war dies nicht weiter ungewöhnlich. Auch sind Arbeiten von Fotografen der südlichen Hemisphäre kaum vertreten, vorwiegend Europäer und Nordamerikaner fotografierten, mit dem ihnen eigenen Blick für das Exotische, die Völker des Südens.

Den Erfahrungen zweier Weltkriege zum Trotz bewahrte sich Steichen seinen Glauben an die Gleichheit aller Menschen. Und er war stets überzeugt von der Macht des Mediums Fotografie: „Die Kunst der Fotografie ist ein dynamischer Prozess, der (...) dem Menschen den Menschen erklärt", sagte er einmal. „The Family of Man" hat sicher einen einzigartigen Beitrag dazu geleistet, diese Friedensbotschaft in die Welt zu tragen.

Man mag Edward Steichen Naivität vorwerfen – doch seine Liebe zum Menschen lässt sich nicht verleugnen. Auch der Gedanke an seinen Geburtsort verließ ihn nie. Sein letzter Besuch in Luxemburg führte ihn 1966 ins Schloss Clervaux, das ihm wie geschaffen schien, seine Austellung zu beherbergen. 1992 ging die Ausstellung ein letztes Mal auf Tournee. Bis 1994 wurde sie in Toulouse, Tokio und Hiroshima gezeigt. Seither ist sie vollständig restauriert in Clervaux zu besuchen, wie es sich ihr Schöpfer gewünscht hatte. □

Lars Lindemann *ist Weltreisender, Geograph und Fotoredakteur, unter anderem für* MERIAN.

MERIAN | INFO Bilder im Schloss

Eingebettet in dichtes Grün, leuchtet die Burganlage von Clervaux weit unten im Tal der Clerve. Der ungewöhnlich erscheinende weiße Verputz entspricht dem ursprünglichen Zustand. Hellebarden und Ritterrüstungen sind hier nicht zu sehen, dafür werden Waffen des 20. Jahrhunderts aus der Ardennenoffensive ausgestellt. „The Family of Man", Unesco-Weltdokumentenerbe, erstreckt sich über mehrere Stockwerke und verschachtelte Räume, wodurch die ungewöhnliche Präsentation noch verstärkt wird. Das *Centre national de l'audiovisuel* (www.cna.public.lu, Menüpunkt „Photo") informiert ausführlich auf Französisch.
März bis Dez. Di-So 10-18 Uhr, Ostern bis Sept. auch Mo geöffnet www.clervaux.lu

Ausführung **„Lederoptik“**
mit Goldprägung
für 24,90 Euro

Ausführung **„Acryl“**
modern und zeitlos
für 19,90 Euro

Ausführung **„Leinen“**
mit historischem
Stadtmotiv für 12,90 Euro

FREUEN SIE SICH AUF...

FEBRUAR 2007

MÄRZ 2007

APRIL 2007

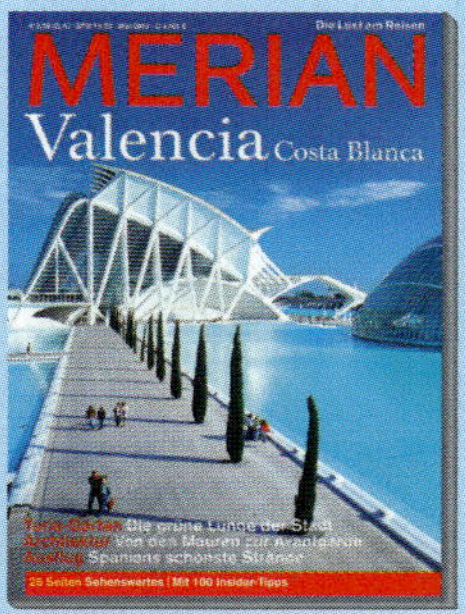

MAI 2007

JUNI 2007

JULI 2007

Ihr persönliches MERIAN-Archiv! Archivieren Sie Ihre MERIAN-Sammlung stilvoll und sicher in den exklusiven MERIAN-Sammelschubern. Jeder Schuber bietet Platz für 12 MERIAN-Ausgaben.

Nur für Abonnenten:
der Premium-Bereich von merian.de

- mehr Informationen zu Ihren Reisezielen
- topaktuelle und nicht veröffentlichte Reiseberichte
- Shopping-Tipps und weiterführende Informationen auf einen Blick
- über 5000 Reiseziele weltweit

Unser exklusiver Service
GRATIS
für MERIAN-Abonnenten

Ihre Bibliothek des Reisens
Abonnieren Sie MERIAN jetzt und Sie erhalten mit den kommenden 12 Ausgaben die Welt von MERIAN frei Haus. Monat für Monat vervollständigt jedes Heft Ihre Bibliothek der Länder, Regionen und Städte.

MERIAN
Die Lust am Reisen

Der Mann mit der Mütze

Vier deutsche Herrscher stellten die Luxemburger: Der erste war glücklos, der zweite genial, der dritte ein Säufer, und der vierte war Sigismund Superstar

Text: Roland Benn

Er hatte auf dem Weg von Prag nach Budapest im mährischen Znaim (Znojmo) Halt gemacht. Hatte, in Ornat und Krone, am Morgen des 9. Dezember 1437 der heiligen Messe beigewohnt. Dann legte Sigismund das Gewand des Herrschers ab, und er wusste: zum letzten Mal. So erzählt es die Legende, und so wollen wir es gern glauben.

Seit vier Jahren war er Kaiser des Römischen Reiches, seit 27 Jahren deutscher König und seit einem halben Jahrhundert König von Ungarn. König von Böhmen und Italien ebenfalls. Und Markgraf von Brandenburg. Und Luxemburger.

Fast jeder seiner Untertanen kannte ihn. Nie zuvor wurde ein Herrscher des Mittelalters so oft dargestellt wie er, in Porträts, auf Münzen, auf fliegenden Blättern, auf Spielkarten und, besonders beliebt, auffällig-unauffällig versteckt auf Gemälden und Altartafeln. Das war einfach, denn der letzte Luxemburger Kaiser war eine markante Erscheinung: Er trug eine Frisur im Afrolook und dazu einen Rauschebart, der in zwei eingedrehten Spitzen endete. Für Karikaturen wie gemacht.

Nun aber waren nach 69 Jahren die Locken grau und sein Körper von Kampf in Politik und Turnier und sicher auch durch Trunk und Hurerei verbraucht. Sigismund ließ sich das Totenhemd bringen und zu seinem Thron führen. Sein Werk war getan, und es lebte vor seinem Auge: im Gold und Edelstein all der Prunkschwerter und Monstranzen, all der Elfenbeinsättel und Altartafeln, all der Malereien und Münzen, die seine Paläste schmückten und die die größten Künstler Europas ihm zu Ehren erschaffen hatten.

Sie und seine Völker würden ihn beweinen und nie vergessen, wie er Ungarn und Böhmen zu Zentren der europäischen Kunst erhob, wie sein Palast in Buda entstand und seine Burg Vyšehrad. Wie er den Drachenritterorden schuf und mit seiner Hilfe die auseinanderstrebenden Reichsteile beisammen hielt. Wie er in einer wirren Zeit, in der gar Päpste um die Macht konkurrierten, das Konstanzer Konzil einberief und in harter, pragmatischer Diplomatie die Kirchenspaltung überwand, auch wenn dieser Pragmatismus Johannes Hus das Leben kostete und die folgenden Hussitenkriege Sigismunds Stammlande, Böhmen, Ungarn und Brandenburg, verwüsteten.

Sigismund ließ seinen von Gicht und Altersbrand gequälten Körper in den Thron fallen. Er konnte nicht ahnen, dass vieles, was er sich anrechnete, schnell vergehen würde. Nicht, dass seine Paläste zerstört, dass seine Schätze in Ungarn bald verschüttet und erst 500 Jahre später von Archäologen entdeckt werden würden.

Er konnte andererseits nicht wissen, dass Dinge, die ihm nebensächlich erschienen, bald die Welt verändern würden: Sigismund hatte aus Geldnot die Mark Brandenburg an die schwäbischen Hohenzollern verpfändet, auf ähnliche Weise die Wettiner in Sachsen installiert und dafür gesorgt, dass nach seinem Tod wieder die Habsburger die Macht im Land erhielten. So brachte er ohne jede Absicht die Mächte auf den Weg, die bis ins 20. Jahrhundert Europas Geschicke bestimmten: Preußen, Sachsen und Österreich-Ungarn.

Jetzt aber saß der große Kaiser und wartete auf den Tod. Bald überfiel ihn der Schlaf. Vielleicht träumte er von den großen Zeiten, die mit ihm zu Ende gingen. Vor langer Zeit waren die Luxemburger Herrscher Herzöge, noch früher Grafen, aber sie stellten vier deutsche Könige, von denen drei sogar Kaiser des Heiligen Römischen Reiches wurden. Vielleicht träumte er von seinem Urgroßvater.

Der war als Graf Heinrich VII. von Luxemburg 1308 deutscher König geworden und hatte es in den wenigen Jahren seiner Herrschaft 1312 nicht nur zum Kaiser gebracht, sondern auch Italien in Aufruhr versetzt. Die Kurfürsten hatten ihn ausgesucht, weil sie ihn für einen klugen Mann hielten, der mit seinem kleinen Stammhaus ihre Macht nicht mindern würde. Heinrich aber nahm ernst, was in der Wahlformel stand: „römischer König und künftig zu erhebender Kaiser" sollte er sein.

Deshalb überließ er die innenpolitischen Angelegenheiten seinem 14-jährigen Sohn. Er verheiratete ihn mit der Schwester des jüngst ermordeten böhmischen Königs – und vervielfachte so sein Stammgebiet. 1310 brach er nach Italien auf, um römisch-deutscher Kaiser zu werden. Damit war

Sigismund von Luxemburg war seinen Untertanen wohlbekannt. Die riesige Fellmütze ersetzte seinen wilden Haarschopf, auch der mächtige Bart wurde im Alter schütter

zwar der Papst einverstanden, aber der Rest Italiens – ein unüberschaubares Puzzle aus mächtigen Städten, kaiserlichen, königlichen und päpstlichen Besitzen und etlichen Fremdherrschaften –, der Rest Italiens muckte. So dauerte es zwei Jahre, bis sich der Herrscher mit seinem 5000-Mann-Heer im wahrsten Sinne des Wortes nach Rom durchgeschlagen hatte, unterwegs ließ er einen Stadtkommandanten in Stücke schneiden und empfing die zwar eiserne, aber doch nur symbolische Königskrone der Langobarden.

Rom war damals, 1312, ein gespenstischer Ort: Nur noch 20 000 Menschen lebten in den Ruinen der Stadt, die einst der fünfzigfachen Zahl Platz geboten hatte. Schafe grasten in Senatorenvillen, und weder Bäcker noch Fleischer riefen auf den Straßen ihre Waren aus. Kein gutes Pflaster, das hatte sich auch der Papst gesagt, er saß mittlerweile in Avignon. So musste Heinrich die Kaiserkrone aus den Händen dreier Kardinäle empfangen, bevor er sich auf den Rückweg machte.

Ein Rückweg, kein Rückzug. Das Heer war mittlerweile auf gut 17 000 Mann angewachsen, mit denen Heinrich die mächtigen Stadtrepubliken Florenz, Pisa und Neapel unter seine Herrschaft zwingen wollte. Dazu kam es nicht, südlich von Siena raffte ihn im August 1313 die Malaria hin.

Zwei Jahre in Deutschland, drei in Italien, das war's. Und das war's auch erst einmal für die Luxemburger, denn als Nachfolger wählten die Kurfürsten einen Bayern: Ludwig IV. Nach 33 Jahren und langem Streit mit den Kurfürsten hoben letztere den Markgrafen Karl von Mähren als Gegenkönig auf den Thron, wo er sich 1347, nach dem plötzlichen Tod Ludwigs, ganz unerwartet festsetzte und zu einem der bedeutendsten deutschen Kaiser wurde: Karl IV., Heinrichs Enkel und Sigismunds Vater, Namensgeber der Karlsbrücke in Prag, Schöpfer der Reichsverfassung, die später „Goldene Bulle" genannt wurde, Karl, den die Tschechen noch im Jahre 2005 zum bedeutendsten ihrer Landsleute wählten.

Karl IV. und sein Werk sind in jedem Schulbuch zu finden, die Goldene Bulle ist ein Pfeiler des historischen Allgemeinwissens. Die Zeitläufe haben Sigismunds Vater stärker im Gedächtnis verankert als den Sohn. Vielen ist eher noch Wenzel im Gedächtnis, Sigismunds Bruder und Vorgänger als König. Man erinnert sich mit Häme an ihn als den einzigen deutschen Herrscher, der von den Kurfürsten wegen Unfähigkeit abgesetzt wurde, und das hieß in seinem Falle: wegen dauernden Vollrausches. Kurfürst Ruprecht von der Pfalz übernahm den Job für zehn Jahre.

Sigismund, der ihm folgte, stand aber keineswegs im Schatten seines Vaters. Als er starb, war Karl vielen schon nicht mehr geläufig, er jedoch, der Mann mit der Pelzmütze und dem gewaltigen Haarschopf, war der Superstar seiner Zeit, ein populärer und schon zu Lebzeiten mystifizierter Herrscher.

So saß Sigismund im Totenhemd auf seinem Thron und schlief. Er erwachte nicht mehr, der Kaiser starb im Sitzen, so sagt die Legende, und so hören wir es gern.

Beerdigt wurde er im Dom von Großwardein (Oradea) im heutigen Rumänien. In Luxemburg war er nur ein einziges Mal. □

Roland Benn *ist Redakteur dieses Heftes.*

IN DER RUHE LIEGT DIE KRAFT

Sinnlich, still und leise zeigt Luxemburg seine Stärken: ein Land zum Auftanken

Fotos: Hans-Joachim Ellerbrock

DIE MENSCHEN VON WORMELDANGE HABEN ES GUT. Sie nennen sich – zu Recht – Rieslinggemeinde und genießen die edelste aller Weißweintrauben aus den eigenen Hängen. Die aber sind nur aus der Nähe ansehnlich, in der Menge sind auch die besten Weinlagen schlichte Monokulturen. Jedoch in Wormeldange – wie auch sonst an der Mosel – braucht der Genießer nur über den Fluss zu schauen, wo der sanft ansteigende Hang Feld, Wald und Wiese träumerisch vereint

GAR NICHT SO SANFT, wie Luxemburg auf den ersten Blick wirkt, ist es im Müllerthal. Wo stetes Wasser den alten Sandstein in raue Stücke geschnitten hat, geht es schon mal 400 Meter in die Tiefe, da verirrt sich der Wanderer in mannshohe Höhlen, da stürzt der Bach steil durch die Schlucht. So unerwartet die dramatische Landschaft zwischen Junglinster und Beaufort erscheint, so schnell ist sie vorüber: von Nord nach Süd zehn Kilometer „Kleine Luxemburger Schweiz“

73

NATUR ERSCHEINT IN DOMESTIZIERTER FORM, denn natürlich ist jeder Flecken kultiviert: Die Weinberge bei Wellenstein versprechen edle Genüsse, die Echternacher Jugend hält sich eher an frische Äpfel; die Gänse baden in der stark befahrenen Mosel bei Remich. Und am Morgen wandert der Gast unter Useldanges Apfelbäumen, bis am Abend die Schafe auf schwankender Planke nach Biwisch heimkehren

ERHABEN DOMINIERT die Abtei von Clervaux die Ardennen, als sei sie 1000 Jahre alt. Doch die Benediktiner haben das Gebäude erst 1910 gebaut und dabei die romanische Strenge des Vorbilds, der Gründerabtei in Cluny, ein wenig verfehlt. Wahrscheinlich ist die Landschaft zu lieblich, um mittelalterliche Düsternis zu dulden. Dunkel ist nur der Kaffee, den die Mönche hier verkaufen

ECHTERNACHS NACHTLEBEN ist eher zahm als zügellos. Aber es ist nicht Lustfeindlichkeit, die die Straßen leert, vielmehr schlemmen die Einwohner gerade in ihren Restaurants. Schon am Tag knabbert die Jugend von Esch-sur-Alzette auf der Straße, locken in Vianden mehrsprachig Pastetchen, und wenn der letzte Tagesgast in Echternach sein Stammlokal verlässt, gehen an der Our in Vianden die Lichter an

Bauern
Lümmel
mit
Knoblauch
8,00€/St
FABRICATION MAISON
PÂTÉ AU RIESLING
PÂTÉ AU NOIX
PÂTÉ ARDENNAIS
SPEZIALITÄT DES HAUSES
CRÉMANT
Housemade
3,00 €/p.
Spezialität
des Hauses

Hôtel
Restaurant

WAUTHIER, SIRE DE WILTZ ET DE BEAUFORT hat diese Burg vor 800 Jahren am Eingang des Müllerthals errichtet. Das mächtige Gemäuer tat seinen Dienst bis in die Renaissance, dann bauten die Adligen nebenan ein Schloss, die Burg begann zu verfallen und tut das bis heute. Einst zur Abwehr erbaut, dient die romantische Ruine von Beaufort mit ihrem Schwanenteich heute der Erbauung

MERIAN VON A–Z ZUM BESTELLEN

- **Ä**gypten
- Amsterdam
- Andalusien
- Athen

- Australien
- **B**aden-Württemberg*

- Bali
- Baltikum
- Barcelona
- Berlin
- Bonn*
- Brasilien
- Braunschweig*
- Budapest
- Burma
- **C**hicago
- Côte d'Azur
- Chile und Patagonien
- China: Peking und der Norden
- **D**eutschland*
- Dominikanische Republik
- Dresden
- Dubai
- **E**lsass

- Essen*
- Emilia-Romagna
- **F**innland
- Florenz
- Florida
- Frankfurt
- Französische Atlantikküste
- **G**ardasee und Oberitalien
- Große Ferien*
- Griechenland*
- **H**amburg
- Harz
- Hongkong

- **I**rland
- Island
- Istanbul
- Italien**
- **J**apan
- Jerusalem
- **K**alifornien
- Kanalinseln
- Kanar. Inseln
- Kapstadt
- Karlsruhe*
- Köln

- Kopenhagen
- Krakau
- Kreta
- Kroatien
- Kuba
- **L**eipzig
- Ligurien
- Lissabon
- Die Loire
- London
- Luxemburg
- **M**adrid
- Mallorca
- Marokko
- Masuren
- Mauritius und Réunion
- Malta
- Meckl.-Vorp.
- Mexiko

- Mongolei
- Moskau
- MS Europa*
- München
- Münsterland
- **N**amibia
- Neapel und die Amalfiküste
- Neuseeland
- New York
- Wasserreich Niedersachsen*
- **O**berbayern
- Osnabrück und Osnabrücker Land*
- **P**aris
- Piemont / Turin
- Portugal
- Prag
- Provence

- **R**ocky Mountains
- Rom
- Das neue Ruhrgebiet*
- **S**alzburg und das Salzburger Land
- Sardinien
- Schottland
- Schweden
- Schweiz
- Shanghai
- Sizilien
- Slowenien
- Spaniens Norden
- St. Petersburg
- Steiermark
- Südafrika
- Südtirol
- Sylt
- Syrien·Libanon
- **T**essin
- Thailand
- Thüringen
- Tirol
- Toskana
- Türkische Südküste

- Traumstraßen*
- **U**lm*
- Umbrien und die Marken
- USA: Der Süden
- **V**enedig

- Vietnam – Laos – Kambodscha
- Vorarlberg
- **W**eimar
- Autostadt Wolfsburg*
- **Z**ürich
- Zypern

MERIAN Ausgaben erhalten Sie für 7,50 Euro, die MERIAN Extra-Ausgaben für * 5,– bzw. ** 7,50 Euro

MERIAN ist das Synonym für Reisen und Kultur auf höchstem Niveau. Wertvolle Tipps und detailgetreue Kartographie erleichtern Ihre Reiseplanung und geben neue Ideen und Ziele.

Nutzen Sie auch den bequemen Bestellservice unter Telefon 040/87973540 oder www.merian.de/shop

MERIAN
Die Lust am Reisen

Tour de luxe: Das Großherzogtum ist klein genug, um es mühelos mit Rad und Kanu zu durchqueren

Text: Marc Bielefeld, Fotos: Samuel Zuder

Ein Fest im Sattel

Die meisten fliegen einfach über diesen kleinen Flecken hinweg. Man kann das sehr schön von der blumenumrankten Terrasse des Hôtel de l'Esplanade in Remich beobachten, während die warme Oktobersonne niedergeht und der Kellner einen honiggelben Pastis mit klimpernden Eiswürfeln serviert.

Am Himmel ziehen weiße Spuren von West nach Ost, von Nord nach Süd, ein dicht gewebtes Netz aus Kondensstreifen. Sie stammen von all den Flugzeugen, die kreuz und quer durch Europa jetten, nach Paris, London, Madrid, Berlin. In Luxemburg dagegen landen nur wenige Maschinen, und wenn, dann meist nur kleine. Dabei ist's ziemlich gemütlich hier unten, ein wenig gemächlich vielleicht, aber der Ehnen Wousselt Grand premier cru, der heimische Riesling, der nach dem Pastis kommt, schmeckt auf jeden Fall außerordentlich köstlich.

Warum landen hier so wenige? Luxemburg liegt doch mittendrin, im Herzen Europas. Ein Mini-Großherzogtum mit grünen Hügeln, verschwiegenen Dörfern, weiten Landschaften

Spazierfahrt im Spätsommer: MERIAN-Autor Marc Bielefeld erfuhr das Land von Nord nach Süd

An einem Wochenende alles sehen: Unsere Tour führt durch Ardennen, Müllerthal, Mosel und die Terres Rouges

Wer sich adagio bewegt, dem zeigt sich Luxemburg von allen Seiten. Hoch oben grüßt die Muttergottes in Esch-sur-Sûre, tief unten liegen die Erzminen in Rumelange, in Vianden feiern die Bürger ihre Nussernte, und bei Remich legen die Moselschiffe an

und rotwangigen Weinbauern. Ein Land, das man ohne großen Aufwand erobern kann. Luxemburg nämlich ist so winzig, dass man es komplett aus eigener Kraft zu durchmessen vermag. Zu Fuß, per Rad, per Kanu. Ein Auto? Nicht nötig.

Es ist ein frischer Morgen, und das kleine Reich beginnt mit einem bescheidenem Auftritt. Wemperhardt besteht aus zwei Häusern, einer Tankstelle, einem Kreisel und einem großen Schild: „Wohnwelt Lederprofi Eicher". Ich bin im äußersten Norden des Landes, und Belgien liegt in Steinwurfweite. Die junge Dame an der Tankstellenkasse ist blond, hat Augenbrauen wie Bleistiftstriche und sagt: „Mit dem Fahrrad bis ganz in den Süden? Ja, sicher geht das. Sind ja bloß 82 Kilometer."

Das Rad rollt gen Süden, mit 15 Kilometern pro Stunde, man will ja nicht zu schnell ankommen. Treiben lassen. Mal links, mal rechts abbiegen, über Feldwege und Landstraßen, verloren geht hier keiner. Vor dem Lenker entfalten sich die Ardennen, grün bewaldete Hügelwelten, die wie große Dünen den Norden des Landes durchziehen. Wanderer und Radler mögen diese Gegend, aber viele sieht man wahrlich nicht. Wer kennt schon das Luxemburger Land? Wenn überhaupt, dann redet man über *la ville*, die Hauptstadt, das pochende Zentrum.

Hier hingegen: Natur. Langsamkeit. Kühe. Auf einem Traktor kommt ein Blondschopf über einen Feldweg gerumpelt, er ist gerade mal dreizehn und hilft seinem Vater beim Pflügen. Wie schön: Als Kind Trecker fahren – hier werden Jungenträume Wirklichkeit.

Goedange, Wilwerdange, Drinklange ziehen vorbei, keine Dörfer, sondern Dörfchen. Hier und da bröckelt der Mörtel an den alten Steinmauern der Häuser, die Rollos hängen halb herunter, dann wieder haben die Dörfler ihre Heime fein säuberlich herausgeputzt. Im ganzen Land sieht man Häuser in bunten Farben: Fassaden in Pastellrosa, in Mintgrün, in zartem Himmelblau. Wogegen mögen diese Farben wirken? Gegen die Betulichkeit? Sind sie kleine Schreie in der großen ländlichen Luxemburger Ruhe? Dann ein Dörfchen bei Biwisch, noch kleiner, noch intimer. Wer hier mal kein Mehl in der Küche hat, muss einfach aus dem Fenster rufen. Das ganze Dorf wird es hören.

In einem sehr aufgeräumten Vorgarten, neben zwei Terrakottakatzen und einem Porzellanzwerg, steht Monsieur Laroux. Er pflegt gerade seinen Zierteich und trägt Pantoffeln „Wohin des Weges? Das Land entdecken? Ah ja!", sagt er und freut sich übers ganze Gesicht, „Luxemburg hat viel zu bieten, die Burgen, die Ruinen, die Gassen in Vianden und das Essen und der Wein und und und …"

Wie weit ist's denn bis zum nächsten richtigen Ort? Laroux klappt den Arm in die Waagerechte. „Gleich da vorn hinterm nächsten Hügel, zehn Minuten mit dem Rad. Höchstens." Dann lächelt er und sagt: „Unser Land ist nun mal nicht größer." Neben Luxemburg-Stadt mit dem Umland ist das Großherzogtum in vier touristische Regionen eingeteilt: Ardennen, Müllerthal, die

Mosel und im Süden das Land der Roten Erde, Les Terres Rouges. Fünf Landschaften, die friedlich unter Sonne und Wolken dösen, wo verblichene Underberg-Reklamen aus den fünfziger Jahren an den Häusern überlebt haben und wo gelegentlich schon mal ein Heukarren neben einem nagelneuen Porsche parkt.

Eine seltsame Mischung bietet dieses Luxemburg, viel Bodenständigkeit und unsichtbares Geld, dann wieder Trägheit, Tradition und ein Schuss Melancholie. Das Land scheint ein wenig zu zögern, sich an den Stromkreis der Moderne anschließen zu lassen.

Zwei Stunden südlich führt ein buchengesäumter Weg auf eine Bergkuppe, eine steinerne Muttergottesstatue steht auf der Spitze, noch zwei Schritte, und dann schaut man von hoch oben hinab: auf Esch-sur-Sûre. Reiseführer jubeln, es sei das hübscheste Dorf Europas. Ein Märchenörtchen. In der Senke eines dunkelgrünen Talkessels liegt es, von der Sauer eng umflossen, klein, verwinkelt, uralt. Da thronen noch die zwei Türme der Burgruine, darunter die restaurierte Burgkapelle, zehntes Jahrhundert, der vorgeschobene Lochturm und die Zinnen, alles da. Es ist, als würde Luxemburg seine Geschichte wie auf dem Präsentierteller vor sich hertragen, sie steckt in seinen Mauern, in den Kopfsteinpflastern, den Höfen.

„De Fiederwäissen ass do!" steht unten auf einem Schild vor dem Café des Rochers, dazu gibt es Schweinekamm und weiße Bohnen. Gerade mal 200 Menschen leben in Esch-sur-Sûre, sie sind gewöhnt an die frühherbstliche Stille. Der einzige Lärm, der durch den Ort hallt, stammt von zwei Mopeds, auf denen Jugendliche hinter der Brücke umherknattern.

Den nächsten Ort, dies als weiser Rat, erobere man weder per Rad noch per Moped. In Vianden kommt man Anfang Oktober nur zu Fuß voran, denn in Vianden ist zu dieser Zeit Nussmarkt. Der Monat ist acht Tage alt, die Sonne knallt bei Großherzogwetter, und das Städtchen unterhalb der Burg tischt auf. Die Hauptstraße platzt vor Ständen, Menschen, Buden, vor Musikkapellen und rotierenden Spanferkeln. Eine Tradition, die die Touristen lieben, genauso wie die kleine Geschichte, die dazu gehört.

Für jedes neugeborene Kind wurde in Vianden ein Nussbäumchen gepflanzt und großgezogen – und einmal im Jahr wird geerntet. Und gefeiert. Mit Nusswein. Nusscreme. Nussschnaps. Mit Nusskuchen und Nusstorten, Nusskeksen und -likör, wahlweise im 2-cl-Probierbecher oder gleich in der Apothekerflasche. Ein komplettes Dorf im Nüsserausch. In der Jolla-Lounge gibt es, was es sonst wohl nirgends gibt: Nuss-Caipirinha und dazu – Eisbein und *fierkelsjelli*, Ferkelsülze.

Am nächsten Tag herrscht Frieden. Das Fest ist vorbei, Vianden wieder picobello aufgeräumt. Das Rad rollt weiter, nach Südosten, kurzerhand ins Müllerthal. In Dillingen schließlich wird es geparkt. Direkt vor Kelly. Kelly ist 1,90 Meter groß, ein Bär aus Holland, in Camouflage-Hose und Karohemd, mit Zopf und Händen wie Schraubstöcken. Er vermietet Kanus, und er kann gut davon leben, denn ab Dillingen fließt die Sauer angeblich in seltener Pracht, um sich bald in die Mosel zu ergießen.

„Wir haben sechs Monate Hochsaison", sagt Kelly. „Da kommen sogar Spanier und die Amerikaner aus Ramstein, um auf diesem Abschnitt einmal zu paddeln." Kelly wuchtet ein Kanu vom Ständer. Dann muss ich mich reinsetzen. Und dann schmeißt mich Kelly in den Fluss. „Viel Spaß, und immer schön rechts halten!", ruft er noch hinterher. Doch die Sauer fließt schnell. 30 Sekunden, und Kelly ist nur noch ein winkendes Männchen am Ufer.

Das Boot zieht über moosige Steine und meterlange Schlingpflanzen hinweg. Äste wie knorrige Trolle staksen aus dem Fluss, dann hopst das Boot über kleine Stromschnellen. Die Sauer ist ein Grenzfluss, man treibt gen Süden – und blickt auf die beiden Ufer wie auf zwei ungleiche Geschwister. Deutschland linkerhand: Da liegt Campingplatz an Campingplatz, da reihen sich die Bierbuden aneinander, Nationalflaggen wehen, und Forellenangler in Wathosen stehen im Fluss.

Rechterhand Luxemburg: ein paar Häuser an den Hängen. Stumm und wie verlassen. Sonst alles grün. Alles leer. Schafe grasen. Immer weiter rauscht das Kanu die Sauer runter. Bollendorf und Weilerbach fliegen vorüber, 14 Kilometer im fließenden Eiltempo, doch halt, halt, halt! Sonst ist Luxemburg ja gleich vorbei.

Dabei sind die *moules* jetzt da, die Muscheln, überall steht's auf den Schildern, und es wäre ein Jammer, jetzt nicht noch ein wenig auf Echternachs altem Marktplatz in Ruhe zu schlemmen und dabei dies eigenwillige, altertümliche Großherzogtum zu genießen. Vor dem „Café de la Poste" stehen noch einige Stühle, vor dem „Petit Poète" sitzen zwei Ehepaare, Muschelberge auf den Tellern und Hüte auf den Köpfen.

Gesittet und aufgeräumt die Straßen um das Rathaus, schnörkelig geschmiedete Schilder und Laternen schmücken die Szenerie, anständiger kann kein Ort der Welt sein, und die hippsten Läden hier heißen „Frisör Dorothee" und „Nagelstudio Walter". Und dann begreift man: Luxemburg ist eine Oase der Ordnung, ein stoischer Hort der Bravheit.

Sollen die anderen dem großen europäischen Heckmeck doch ruhig verfallen. Nein, hier wollen sie bleiben, was sie sind. Klein. Sittsam. Unaufgeregt. Viele mögen das. Und können gut davon leben. Zum Beispiel Ryszard aus Polen, 38, ein Wanderarbeiter, auf dessen rundem Gesicht sich ein stoppeliger Bart breit macht. Ryszard ist

Der Anschluss an die Moderne verzögert sich ein wenig

Jungen träumen von so etwas: Mit 13 Hand an große Pflüge legen

Die Sauer ist ein Paddel-Paradies. In unberührter Natur zieht ihre kräftige Strömung nach Süden. Kanuten nehmen Tempo auf, der Rat des Profis: „Immer rechts halten!“

Augenweide bei Vianden: hungrige Kühe auf sattem Grün

zur Weinernte hier, unten in Wasserbillig, und jetzt sitzt er mit seinen Leuten zur Pause am Wegrand, bei Brot und Wasser.

„Ich habe schon in vielen Ländern gearbeitet“, sagt er, „Polen, Deutschland, Holland, aber Luxemburg gefällt mir am besten.“ Am besten, weil die Arbeitsbedingungen hier gut seien, das Land überschaubar, die Leute aufrichtig. Sechs Euro verdient Ryszard pro Stunde, plus ein Mittagessen gratis, und dafür wird er heute noch die letzten Trauben der Saison von den Rebstöcken schneiden, den Pinot blanc, den Riesling. Dann schnappt er sich die Traubenschere und marschiert zurück in die Hügel. In grünen Rippen verlaufen die Weinberge von hier aus gen Süden, stets entlang der Mosel. Kilometerlange Hänge unter lieblicher Nachmittagssonne.

Es ist dieses Bild, das die meisten Besucher von Luxemburg erwarten. Das Grün und die Mosel. Mein Rad parkt jetzt an Deck der „Roude Léiw“, dem Ausflugsdampfer „Roter Löwe“, denn auch so lässt sich dieses Land bereisen. Kapitän Peter Bierling steuert das Boot nach Remich, dem Knotenpunkt des Moseltourismus, er tut das seit 20 Jahren, und er sagt, dass seine Gäste es lieben. Die mexikanischen Nächte an Bord, die *soirées alsaciennes,* die elsässischen Abende mit Damenwahl nach alter Schule, oder die Candlelight-Touren mit Tanzband, Schlagern und Buffet. Die Schifffahrtsgesellschaften würden die Fahrten seit Jahren so anbieten, und genau so soll es bleiben. Erst im Süden, am Ende dieser Reise, trifft man

Arbeiter wie Mathias Franzen schufteten für das reichste Land der EU

auf Spuren von Schweiß und knüppelharter Arbeit. Die Spuren führen in jene Vergangenheit, aus der die heutige Bodenständigkeit noch immer herrührt. Denn unten im Land der Roten Erde liegt jene Quelle, aus der das Geld seit Anfang des vorigen Jahrhunderts in die Banken gescheffelt wurde und aus der Luxemburg zu einem der reichsten Länder der Welt emporgestiegen ist.

Mathias Franzen ist 80 Jahre alt, er trägt einen Schutzhelm und ein Hörgerät, hat erstaunliche feine Finger und weiße Haare. Er steht unten in Rumelange vor dem Eingang eines Stollens, der schräg in die Erde hinab führt, dort hinunter, wo sich die Schächte hunderte Kilometer weit verzweigen. Mit 14 schmiss Franzen die Schule und wurde *porion*, Grubenarbeiter.

Kleine Dörfer, Arbeiterhäuser und die aufgerissenen Krater des Tagesbaus prägen die Gegend der Terres Rouges, und es liegt noch immer in der Luft, was hier los war. Armeen von rußgesichtigen Kumpeln schufteten 16 Stunden am Tag, sie sprengten die unterirdischen *couches*, die Erzschichten, und schleppten rote 100-Kilo-Klumpen mit bloßen Händen auf die Zugwaggons. Gerade einmal 3500 Hektar umfassten die Grubengebiete im Süden des Landes: Das Erzreservoir, das das Herzogtum zu dem machte, was es heute ist.

Mathias Franzen führt gelegentlich noch Touren unter Tage durch, und er spricht ruhig und klar, wenn er von den Tausenden Toten redet, die der Bergbau forderte. „Am schlimmsten waren die kieselhaltigen Stollen, weil da unten der Quarzstaub in die Lunge kroch und einen von innen zerfraß."

Franzen geht in den Stollen. Es ist kalt, feuchte Dunkelheit schwallt uns entgegen. „25 Tonnen Steine musste meine Truppe damals jeden Tag aus der Tiefe holen, um den Mindestlohn zu bekommen." Er marschiert weiter, tiefer in den Stollen hinein. Franzen wirkt wie ein Gespenst, das Luxemburg aufgebaut hat.

Der Stollen verengt sich, es wird schwarz. Von hier aus wären es nur noch wenige hundert unterirdische Meter nahtlos bis Frankreich, hätte man den Stollen nicht wegen Einsturzgefahr gesperrt. Franzen dreht sich um und blickt durch den düsteren Schacht Richtung Eingang, von dem nur noch wenig Licht hereinfällt. „Es ist ein schönes, aufgeräumtes, reiches Land da oben", sagt er und hält kurz inne. „Doch manchmal vergessen die Leute, woher es kommt." □

Marc Bielefeld, *freier Autor aus Hamburg, ist stolz darauf, ein ganzes Land aus eigener Kraft durchquert zu haben – und das ohne Muskelkater.*

MERIAN | TIPP Radtouren für Könner und Kinder

Die Entfernungen zwischen den Orten sind in Luxemburg kurz, und **das Netz der Radwanderwege wird zurzeit auf rund 900 km ausgebaut.** Im Norden sorgen die Ausläufer der Ardennen für starke Steigungen, ebenso im Osten, in der „Kleinen Luxemburger Schweiz". Kostenlos ist die Karte „Radwanderwege" mit einer Streckenübersicht beim Tourismusbüro ONT erhältlich. Zu empfehlen ist auch: **„Mountain Bike Tour – Luxembourg Ardennes"** Éditions Guy Binsfeld, 12 €.

MOUNTAINBIKE-TOUR

Die hügelige Landschaft der Ardennen ist besonders bei Mountainbikern beliebt. Beachtliche Höhenunterschiede, üppige Vegetation und Feldwege bieten ein optimales Terrain. In den Luxemburger Ardennen haben die verschiedenen Touristenvereinigungen Routen auf rund 300 km für Mountainbiker ausgewählt und in einer Broschüre beschrieben. **15 Rundstrecken mit maximal 40 km Länge können durch Verbindungsstraßen zu mehrtägigen Touren kombiniert werden.** Die Auswahl reicht von kindgerechten Familientouren bis zu anspruchsvollen Strecken. Die Markierung ist vorbildlich. Am Start gibt es eine Infotafel und rechtzeitig vor der Kreuzung weisen Pfeile die Richtung. Damit Sie wissen, dass Sie auf dem richtigen Weg sind, gibt es danach ein zweites Hinweisschild.

KÖNNER-TOUR WILTZ

Ausgangspunkt ist der Parkplatz am Wiltzer Schloss. Die Beschilderung führt nach Westen am nationalen Streikdenkmal vorbei. Nach leichter Steigung rollen Sie gemütlich bergab nach Lameschmillen. Bis kurz vor Roullingen geht es stetig bergan, der höchste Punkt der Tour liegt auf 495 Metern. Auf gut geteerter Straße geht es weiter Richtung Osten. Eine Passage mit vielen Steigungen und Abfahrten. Die Runde führt dabei teilweise sehr schön durch Waldpassagen. Bis zum Weiler Erpeldange geht es schweißtreibende 150 Meter ordentlich bergan. Danach windet sich die Route mal runter, mal rauf meist über Asphaltstraßen zurück nach Wiltz.
Insgesamt 30,5 km, mittlerer Schwierigkeitsgrad, Steigung und Gefälle im Wechsel, maximal sind 180 Höhenmeter zu überwinden.

FAMILIEN-TOUR WILTZ

Ausgangspunkt ist der Parkplatz gegenüber der Kirche von Niederwiltz. Von hier aus geht es zur Brücke und dann rechts an der Brauerei vorbei. Die Strecke windet sich stetig bergan, bis nach 140 Höhenmetern der Weiler Noertrange mit Sportflugplatz erreicht ist. Während der Fahrt bieten sich immer wieder schöne Ausblicke auf Wiltz und die umliegenden Täler. Hinunter nach Winseler geht es relativ steil bergab. Hier besteht die Möglichkeit, auf benachbarte Rundstrecken zu wechseln. Einige Kilometer weiter bergab, vor Wiltz ist eine kleine Steigung zu überwinden, und Sie rollen am Biermuseum vorbei, das einen Besuch lohnt. Insgesamt 11,5 km, sehr leicht, einmal 150 Höhenmeter.

>> **weitere Tipps im Service-Teil auf Seite 124**

Friseusen der Mattscheibe

Jeder durfte alles, und unglaubliche Karrieren begannen damals vor über 20 Jahren bei RTL. Als Praktikantin in der Steinzeit des Privatfernsehens

Text: Ulrike Posche

Nur zur Erinnerung: Es gab damals das Erste mit all seinen Anstalten. Es gab das Zweite in Mainz, hoch überm Lerchenberg. Und es gab RTLplus. Der junge TV-Sender war gerade als fünfte der „Vier fröhlichen Wellen von Radio Luxemburg" an die Ufer der Mosel geschlagen. Leider wussten das anfangs nur wenige Deutsche. Oder sollte man besser sagen: Gott sei Dank? Anfang der achtziger Jahre konnte man „Radio Télévision Luxembourg" nämlich nur im Saarland und im südlichen Pfälzer Wald aufschnappen, sonst nirgends. Die TV-Firma war eine grandiose Spielwiese im Dreiländereck. Sie war Probieranstalt, Talentschuppen und Sammelfeld für jede Menge komischer Vögel.

„RTL – erfrischend anders", hieß der Werbeslogan. Und so war es auch. Im Grunde machten hier ein paar verrückte Fernsehjunkies und ihre Freundinnen ein TV-Programm für sich selbst. Innerhalb kürzester Zeit wurde so aus dem unbeachteten Pflänzchen eine Art Herkulesstaude, ein wuchernder werbefinanzierter Sender, der unser schönes öffentlich-rechtliches Biotop völlig aus dem Gleichgewicht brachte. Für Berufsanfänger war der Privatsender wie Kinderpost spielen. Jeder durfte alles. Schneiden, vertonen, das Wetter ansagen, moderieren – sogar die Freundin vom Chef werden.

Na ja, fast jeder. 1985 gelangte ich als Praktikantin per Anhalter in die RTL-Galaxis. Über Cochem, Bullay, Trier, Igel und Wasserbillig ging es mit dem Eilzug in die Hauptstadt des Großherzogtums und von dort mit dem Bus in die Felder. Das RTL-Studio lag zu jener Zeit auf der Wiese in Bertrange, einem Vorort Luxemburgs. Und im Grunde hört sich auch „Studio" heute doller an, als es wirklich war. Es war ein ziemlich großer, weißer Container. Am Eingang saßen junge Luxemburgerinnen, die „Moien" brüllten, wenn andere zur Arbeit kamen. Praktikantinnen wuselten mit Kabeln und Kassetten. Rainer Holbe und Hugo Egon Balder liefen durchs Bild. Und den ganzen Tag riefen sich die RTLer „Moien" zu, sagten „Jo" und „Neen", „wann ech gelift" (bitte) und „t'ass gär geschitt" (gern geschehen). Die zutraulichen Frauen hießen Violaine oder Bernadette. Eine hieß Eva Müller, sie war Star-Moderatorin. Ihr Vater war Boulevard-Journalist gewesen, in Köln. Dort nannte man ihn „Knüller-Müller". Ein Name, der sich gehalten hat, jedenfalls solange Tochter Eva ihre Dekolletés durchs RTL-Studio trug.

Es gab Olaf Kracht und Ulrich Meyer mit „Der heiße Stuhl", was auch ein Knüller war: brutaler, frecher und respektloser als alle Talkshows, die Alfred Biolek und seine Kollegen je erdacht hatten. Nicht jeder mochte anfangs, wie Politiker erst gegrillt und dann dem Publikum serviert wurden; aber irgendwie setzte sich die Methode langsam bis in die öffentlich-rechtlichen Anstalten durch. Michel Friedman und Kerners Köche haben bei Olli und Uli sicher viel gelernt.

Damals war Meyer, der heute beim Konkurrenten „Sat1" die Dauersendung „Akte 07" präsentiert, schon genau so gut geföhnt wie heute, aber trotzdem nannten sie ihn Uli. Man wurde grundsätzlich abgekürzt. Olli, Uli, Alex, Susi, Biggi. Eine dieser Biggis war ursprünglich Friseuse im Ruhrgebiet gewesen, aber von heute auf morgen wurde sie Redaktionsmaus. Sie kochte Kaffee, riss Agenturmeldungen ab, schminkte auch schon mal die Moderatoren. Ihr Freund, ein ehemaliger Autohändler, hatte sie einfach mitgebracht. Er war zufällig Sportredakteur geworden, vom Autohaus ins Fernsehen ausgeschert.

Im ersten Stock lag das Büro der „Aktuell"-Redaktion, der Nachrichten-Macher. Vorn links zwei Sekretärinnen mit Springbrunnen-Frisur, rechts Sportchef Ulli Potofski. Der war der netteste. Eigentlich hatte Potofski Koch gelernt. Doch seine heißeste Leidenschaft galt der Show, der Unterhaltung, weshalb er in den Siebzigern unter dem Künstlernamen „Ulli Mario" eine respektable Schlagerkarriere hingelegt hatte. „Lauf' nicht wie ein Hase vor der Liebe weg", hießen seine Hits, oder: „Ich kann an keinem Girl vorbeigehn". Potofski trug eine Minipli-Dauerwelle, die aussah wie von Biggi gemacht. Einfach schön!

In der hinteren Ecke des Großraumabteils lauerte dann der weißschläfige Anchorman Hans Meiser mit seinen gefürchteten Zoten. Nein wirklich, damals lagen die Zoten bei RTL deutlich über den Quoten. Und „7 vor 7"-Ansager Meiser war in dieser Disziplin Meister. Dahinter regierte in einem Glasverschlag Chefredakteur Egon F. Freiheit. Der wurde später Chefredakteur der Zeitschrift „Quick", die

Dauerwellen unter sich: Belgiens Nationaltorwart Jean-Marie Pfaff (l.) mit Ulli Potofski und einem Kabelträger 1986

bald darauf einging. In einem winzigen Schneideraum bastelten hektische Raucher Nachrichtenfilme. Die hatten Korrespondenten wie Barbara Eligmann, die spätere „RTL-Explosiv"-Moderatorin, aus Bielefeld geschickt. In der Erinnerung kommt es mir vor, als wäre in jedem Beitrag eine Kuh auf die Autobahn gelaufen oder ein Schweinetransporter umgekippt, ein Reitstall abgebrannt oder eine Schinkenräucherei, was eben so passierte am Teutoburger Wald.

Der heutige Filmproduzent Marc Conrad, einer der wenigen gebürtigen Luxemburger damals, lief stets mit aufgekrempelten Ärmeln durch die Szenerie, und weil niemand genau wusste, was er als 27-jähriger Chef vom Dienst und rechte Hand des Sendergottes Helmut Thoma eigentlich so tat, nannte man ihn „Stalin", was anerkennend klingen sollte. Überhaupt war nie irgendetwas böse gemeint in der RTL-Familie, schon gar nicht, wenn der Bonn-Korrespondent Peter Kloeppel im Hause war. Dann zeigten sich alle von ihrer artigsten Seite, wuselten wie die „Kaweechelchen" (Eichhörnchen) und brannten wie „Gehaansfénkelchen" (Glühwürmchen). Lëtzebuergesch ist eine wunderbare Sprache – wenn man sie kann. Peter Kloeppel, heute Chefredakteur des Senders, war schon damals das gute Gewissen des „Tutti-Frutti"-Kanals. Er hatte Agrarwissenschaft in Göttingen studiert und dabei gelernt, wie man Ferkel kastriert und Sauen künstlich besamt. Dann war er Journalist geworden. Doch so komisch das möglicherweise war, selbst Meiser ließ die Witzkanone im Schuppen, wenn die Redaktion mit Kloeppel zum Mittagessen ins „Café de Paris" an den Schlossplatz fuhr, wo man Emincée vom Kalb mit Morcheln aß und Elbling von der Mosel trank. Oder „Mousel", das einheimische Bier.

Was Kloeppel damals machte, war tatsächlich Pionierarbeit: Denn wenn der Bonner Korrespondent am Nachmittag seinen Beitrag fertig hatte, musste ein Fahrer mit der Kassette durch die Eifel ins Mutterhaus brettern, weil das Bonner Studio keine Abspielmöglichkeit hatte. Manchmal war Stau, manchmal lag auch Schnee. Es war immer knapp. Hinterher sagt man zwar: Es war die schönste Zeit. Aber damals fluchte Kloeppel nicht selten und wünschte sich, er wäre bei einem „richtigen" Fernsehsender.

Doch irgendwann wurde Hans Meiser auf den Straßen von Mainz und Koblenz nach Autogrammen gefragt, und Peter Kloeppel beeindruckte Politiker mit unerschrockenen Fragen. Da hatte der Sender endlich Gesichter. Er war angekommen.

Das eindeutig schönste Gesicht jener Zeit war das der heutigen „Nachtjournal"-Moderatorin Susanne Kronzucker. Die war damals gerade 20 und wartete meist noch spätabends unten im Gang auf ihren letzten Ansagetermin. Dort stand ein kleiner Tresen, an dem die Redakteure abhingen, bevor sie in ihre möblierten Zimmer und Wohnungen tröpfelten. Nach Kronzuckers Gute-Nacht-Lächeln kam nur noch der Abspann und verriet, wer den Moderatoren die Klamotten gesponsert hatte. So war das anno 1985 bei Radio Télévision Luxembourg. Dann zogen die Fernsehmacher nach Köln und engagierten Günther Jauch und Oli Geissen.

Ich habe damals übrigens nur einen einzigen Bericht gedreht, geschnitten und getextet: einen schiefen Film über die Herrenmode-Messe in Köln. Es war furchtbar. Ich habe ihn mit hastig hoher Stimme heruntergehaspelt, ich habe gesprochen, wie Eichhörnchen klettern. Meiser machte Witze, Potofski lachte und in Peter Kloeppels sanften Augen sah ich das jähe Ende einer hoffnungsfrohen Fernsehkarriere. □

Ulrike (Uli) Posche *hat es im Fernsehen nicht weit gebracht. Sie ist heute Buchautorin und seit 15 Jahren Reporterin und Autorin beim* Stern.

Auch in hohem
Alter konnte Weisheit
seine rebellische
Haltung nicht verdecken.
Victor Hugo grollte
ein Leben lang. Und zwischendurch malte er
die Burgruine Vianden

Der Großdichter in der Kleinstadt

Der aufsässige Schriftsteller und Streiter Victor Hugo verbrachte Jahre seines Lebens im Exil. Seinen Sommer in Vianden wird das Städtchen nie vergessen

Text: Peter Mayer

Früh um sechs brachte ihm Madame Ensch Rührei, Butterbrot und Milchkaffee in seine kleine Schlaf- und Wohnstube im ersten Stock. Während er aß, schaute er hinaus auf die Brücke, wo der heilige Nepomuk kontrollierte, wer kam und wer ging. Er sah die Our dahinplätschern und im Morgenlicht das Schloss überm Steilhang glänzen.

Er las Zeitung, schrieb Tagebuch, Briefe, Gedichte oder malte. Die Zeit ging schnell dahin. So gegen elf stieg er die halsbrecherische Treppe hinab, quetschte sich an der Küche seiner Logisleute vorbei und durch den Tuchladen mit seinen vollgestopften Regalen im Erdgeschoss. Ein paar Schritte, und er war drüben in der Auberge von Marie Koch. Dort hauste seine Großfamilie.

Der 69-Jährige, der, aus Belgien verbannt, als politischer Flüchtling im Sommer 1871 einige Wochen bescheiden im luxemburgischen Ardennen-Städtchen Vianden nahe der deutschen Grenze lebte, war der große französische Dichter Victor Hugo. König Leopold II. hatte ihn aus Brüssel vertrieben. Dabei war er ganz privat dorthin gereist: Er musste sich um den Nachlass seines plötzlich gestorbenen ältesten Sohnes Charles kümmern und dessen Spielschulden begleichen. Doch als in Paris im Mai 1871 während der entsetzlichen „Blutwoche" aufständische Kommunarden gnadenlos niedergemetzelt wurden, bot Victor Hugo den Verfolgten per Zeitungsaufruf Asyl bei sich in Brüssel an. Das war den Belgiern zu viel – und Vianden bekam seinen bis heute berühmtesten Gast.

Schon wieder Exil. Denn Victor Hugo, Sohn eines Generals des großen Napoleon, war ein erbitterter Widersacher von dessen Neffen, der als Napoleon III. bekannt wurde und den er als „kleinen Napoleon" verhöhnte. Als der Angefeindete jedoch 1851 per Staatsstreich in Frankreich die Macht an sich gerissen hatte, musste Hugo fliehen. 19 Jahre, bis zur Abdankung des gehassten Herrschers, lebte der Dichter fern von Paris, vorwiegend auf den Kanalinseln.

Victor Hugo, der Held des großen Wortes. Schon mit 20 heimste er für ein paar wortgewaltige Oden eine königliche Pension von 1000 Francs ein. Er scheute mit seinen Theaterstücken keinen Bühnenskandal, verfasste rücksichtslos Schmäh-

1

2

schriften gegen Widersacher und schrieb Bestseller wie den melodramatischen Wälzer „Die Elenden" oder über Notre-Dame und den missgestalteten Glöckner. Er kämpfte zeitlebens gegen die Todestrafe, war sozial engagiert, politisch ein liberaler Querkopf und privat ein bürgerlicher Familiendiktator, aber auch Schürzenjäger und Enkelverwöhner.

Luxemburg, speziell Vianden, kannte er von Kurzaufenthalten bei früheren Reisen in den sechziger Jahren. Die großherzogliche Regierung ließ ihn wieder ins Land, aber politisch musste er enthaltsam sein. Das war nichts für Victor Hugo. Schon in den ersten Tagen veröffentlichte er in der Zeitschrift *Die Zukunft* einen Brief an die fünf Abgeordneten, die gegen seine Ausweisung aus Belgien gestimmt hatten. Einem belgischen Journalisten schrieb er: „Es gibt weder Belgier, noch Franzosen; es gibt die Vereinigten Staaten von Europa. Es gibt die Universalrepublik. Lasst uns in diesem Gedanken leben und lasst uns die Freiheit verteidigen."

Das waren kühne Gedanken im Jahre 1871, als vor allem die Deutschen nach ihrem gewonnenen Krieg gegen Frankreich in der großen nationalen Spur fuhren. Victor Hugo hingegen träumte von einer europäischen Einheits-Währung. Doch jetzt gab es für ihn erst einmal die kleine Welt von Vianden. Er kam als *witmann*, seine angetraute Adèle war drei Jahre zuvor gestorben. In seiner Begleitung: Sohn François-Victor, Schwiegertochter Alice, Witwe von Sohn Charles, die Kleinkinder „Petit Georges" und „Petite Jeanne", drei Dienstmädchen sowie die fast lebenslange Geliebte Juliette Drouet.

Eines Tages kreuzte dann auch noch die 19-jährige Marie Mercier auf, deren Geliebter als Kommunarde in Paris erschossen worden war. Schwiegertochter Alice gab ihr Arbeit als Näherin, und Hugo half ihr „de mon mieux", wie er in seinem *carnet intime* notierte. Der alte Mann unterstützte sie nicht nur mit etwas Geld, er ließ sich von der um 50 Jahre Jüngeren auch im breiten Nussbaumbett seiner engen Kemenate bekuscheln.

Eine Woche war der Familientross bereits in Luxemburg, als er am 8. Juni 1871 in Vianden einzog. Fünf Francs am Tag verlangte Marie Koch pro Nase für das Logis, die Kinder zahlten die Hälfte. Nur zehn Tage später feierte das kleine Vianden das 25. Thronjubiläum von Papst Pius IX. Auch die Gastleute stellten Lampions in Victor Hugos Fenster. Weg damit, befahl der Generalssohn: Für ihn war der 18. Juni schmerzvoller Gedenktag an die verheerende Schlacht von Waterloo 1815.

Aber seine große Stunde kam kurz darauf, ausgerechnet am französischen Nationalfeiertag, am 14. Juli: Er erwachte, schrieb Victor Hugo, und ihm war, als schiene die Sonne zur Mitternacht. Ein unermessliches Leuchten lag über der Stadt, den Bergen und der Ruine des Schlosses. Zehn Häuser brannten, die Sturmglocke läutete, „der alte Bischof auf der Brücke war ganz rot im Gesicht" (Hugo meinte den steinernen Nepomuk). Der Dichter huschte in die Kleider, wickelte seine Manuskripte in ein Tuch und stürzte auf die Straße. Erst rettete er eine Frau mit einem Säugling im Arm aus einem brennenden Haus, dann organisierte er – Hugo, der Held – die „Kette", Helfer, die in der Our vollgeschöpfte Wassereimer von Hand zu Hand zum Feuer transportierten.

Bei Hugos erstem Besuch spielten die 20 Mann der „Société Philharmonique à Vianden" noch im Arbeitskittel mit ihren Handwerkerpratzen bei Kerzenlicht zur Serenade auf. Die Viandener bewunderten den Gast, schon damals. Jetzt aber liebten sie ihn.

Und er seinen Enkel Georges. „Papapa, ich habe ein schönes zerbrochenes Haus gesehen", schwärmte der kleine Georges nach einem Spaziergang auf das Schloss von Vianden, und der Großvater schrieb das auf. Er selber liebte und malte es und begleitete über viele Jahre die Bemühungen, diese *ruines magnifiques* vor dem Verfall zu retten. Der Niederländer Ernst van Koenig hatte damit begonnen, eine der schönsten und größten feudalen Residenzen der romanischen und gotischen Epoche in Europa zu restaurieren. Einfach „abgeschmackt" nannte Victor Hugo bei einem ersten kurzen Vianden-Besuch im Jahr 1862 van Koenigs

3

Sonntagsredner und Sozialisten weihten sein Museum ein

1 Späte Ehrung: Hugo wird in Paris auf einem riesigen Katafalk zu Grabe getragen
2 Stadt im Rampenlicht: die beleuchtete Burg und Uferpromenade von Vianden
3 Im Museum: ein lebensgroßer Hugo in Denkerpose und aus Gips

Stümperei. Um so mehr war er erfreut, als Charles Arendt, ein Sohn Viandens und Chefbaumeister im Großherzogtum, sich ans Werk machte.

Nach einem Spaziergang gerät Victor Hugo mit Enkelin Jeanne in einen Gewitterguss. Bewundernd schaut der Dichter auf den Schattenriss der Schlossruine unterm grauschwarzen Wolkenhimmel. Schon beim Besuch im September 1863 war er des Nachts zur Burg hinaufgestiegen: „Der Mond, verdunkelt. Die Täler, melancholisch von einer Nebelschlange umschlungen. Die Waldkäuze schreien Hu! Hu! Hu!"

Neun Jahre nach seinem ersten Besuch griff die *Société Philharmonique* am Namenstag des Dichters wieder zu Flöte und Trompete. Am 22. August 1871, eine Stunde nach Mittag, verlässt Hugo mit seinem Tross das Städtchen. 28 Minuten später, so vertraut er seinem Tagebuch an, hat er das Haus an der Our-Brücke aus den Augen verloren. Vom Gedichtband „Das schreckliche Jahr", der ein Jahr später erschien und die Gräuel während der Pariser Kommune reflektiert, sind viele Stücke in Luxemburg entstanden. Eines trägt den Titel „À Vianden".

Die Stadt hat ihren Gast Victor Hugo nicht vergessen. Caroline Scheidweiler, die als junges Mädchen im Hause Ensch wohnte und zwischen Onkel, Tante und Logisherr dolmetschte, erlebte 1885 in Paris die Trauerfeier mit, als der Leichnam Victor Hugos unterm Triumphbogen aufgebahrt war. Bei einem Festakt zum 100. Geburtstag 1902 sprach Schlossbaumeister Charles Arendt vom „Apostel der Freiheit". Das Museum im Wohnhaus an der Brücke wurde 1935 zum 50. Todestag gleich zweimal eingeweiht: In Sonntagsreden feierte man den Dichterfürsten, den Herold des Erhabenen und Schönen. Der politische Streiter jedoch blieb ohne Würdigung in einer Zeit, in welcher der Linken Luxemburgs ein „Maulkorbgesetz" drohte. Jugendverbände organisierten eine Gegeneinweihung. Hauptredner: Frantz Clément. „Victor Hugo ist als Verbannter nach Vianden gekommen", sagte der Journalist beim sozialistischen *Tageblatt*. „Der erste Antifaschist, der von dem ersten Faschisten Europas (gemeint war der „kleine Napoleon") exiliert worden war, liebte dieses Tal, wo … das unbezwingbare Herz des Volkes schlug." Deftige Worte eines aufrechten Mannes, der 1942 im KZ umgebracht wurde.

Bei der Einweihung des Museums wurde auch die Büste Victor Hugos auf der Our-Brücke aufgestellt, ein Geschenk der französischen Regierung. Etwas halsstarrig wirkt die Bronze, aber so wird sie dem großen Dickschädel gerecht. Während der Annexion Luxemburgs durch Nazi-Deutschland haben sie die Viandener vorsichthalber abmontiert. Nach dem Krieg wurde sie erst nach langer Suche gefunden – im Leichenwagen.

Das Haus mit dem Museum hatte 1944 beim Rückzug der Deutschen schwere Schäden davongetragen. Originalgetreu entstand es wieder, und 2002, zum 200. Geburtstag von Victor Hugo, präsentierte sich das Museum neu und reich an Erinnerungen an den prominenten Gast. Am alten Schreibtisch sitzt er, eins zu eins in Gips, der 1,68 Meter große Meister, die Gänsefeder in der Hand.

Zu den Schätzen zählt auch eine Locke Victor Hugos. Die hatte ihm – *amour fou* – seine Lebensliebe Juliette Drouet am 9. Juli 1871 mit der Schere stibitzt, die 65-jährige „Juju" ihrem 69-jährigen „Toto adoré". □

Peter Mayer *ist Romanist und ehemaliger MERIAN-Redakteur.*

Léa und die Saubohnen

Zu den Waffen einer Frau gehören kräftige Kurven und echte Leidenschaft – auch am Herd. Das beweist Léa Linster in Koch- und Talkshows und vor allem in ihren Restaurants

Text: Stephan Clauss

Sie ist die wohl bekannteste Luxemburgerin – was sie nicht im geringsten stört. An dem schlagfertigen Charme und dem mächtigen Busen der Starköchin kommt ohnehin niemand vorbei. Doch die Medienwelt hat sie mit ihrem umwerfenden Lachen erobert.

Sie kann's einfach. Während sie mit unbremsbarem Mundwerk polyglott selbst einen Johannes B. Kerner an die Wand spielt, lässt sie ihr Selleriepüree auf dem Herd keine Sekunde aus den Augen. Mit kindlicher Freude genießt sie wenig später die lustvollen Ahs und Ohs ihrer jeweiligen Nebenköche. Ob die nun Johann Lafer, Harald Wohlfahrt, Vincent Klink oder Cornelia Poletto heißen – wenn sie Léa Linsters himmlisches Püree vom Probierlöffel ablecken, sind alle gleich – hingerissen.

Die Lust, Komplimente einzusammeln, war von Anbeginn das heimliche Motiv ihres unglaublichen, beharrlichen Fleißes. Aus dem schlichten Gasthaus mit Tankstelle ihrer Eltern im Dorf Frisange hat sie eine der besten Adressen ihres Landes gemacht. Seit 20 Jahren trägt ihr Restaurant einen Michelin-Stern. Im Saarländischen Rundfunk schmeißt sie ihre eigene Fernsehsendung („Léas Kochlust") und schreibt Kolumnen in einer deutschen Frauenzeitschrift, ihre Kochbücher erreichen Traumauflagen. Léa Linster ist bis heute die einzige Frau, die jemals den Bocuse d'Or erhielt, diesen Oscar der Kochkunst.

Sie ist ein Star mit Bodenhaftung, bei allem Showtalent ein mütterlicher Typ, und sie weiß um das Geheimnis zufriedener Gäste: Koch oder Köchin, erklärte sie einmal, werden nur dann wirklich geliebt, wenn sie auch die einfachen Gerichte so gut zubereiten, wie sie einst bei Großmuttern geschmeckt haben. Erst wenn man den Gast an seine Kindheitsgenüsse erinnert, entwickelt der auch das Vertrauen, sich auf die modernen Kreationen der Küche einzulassen.

Auch die Heimatliebe der Luxemburger ging immer durch den Magen. Was man im Bauch hat, kann einem kein gieriger Nachbar mehr wegnehmen. Nur den Fremden gibt die eigenwillige Lëtzebuerger Mundart beim Lesen der Spezialitätenkarte manches Rätsel auf.

Das bekannteste unter den bäuerlichen Leibgerichten der Luxemburger heißt *Judd mat Gaardebounen*, ein deftiger Eintopf aus geräuchertem Schweinenacken und Saubohnen. *Gromperekichelcher* (Kartoffelpuffer) sind eine unsterbliche Passion – wie auch bei den benachbarten Saarländern und Pfälzern. Weitere beliebte Leckerbissen sind das Huhn im Riesling, der Hecht in grüner Kräutersauce und die *Friture de la Moselle:* Das sind fritierte Moselfischlein, die man mit einem Happen verspeist, am besten rutschen sie mit einem kühlen, trockenen Mosel-Riesling. Die wildreichen Ardennen decken im Herbst den Tisch mit zartem Rehrücken, Wildhasen und anderen Festbraten. Feine Tartes mit Äpfeln, Pflaumen und Beeren sind auch als Desserts sehr beliebt. *Verwurrelt Gedanken* ist schließlich der Name eines aus verknoteten Teigstreifen gefertigten Schmalzgebäcks, das man im Karneval verputzt. Und der Kaffee schmeckt erst richtig, wenn er mit einem Schuss Mirabellenbrand veredelt wird.

In Léas gemütlichem Zweitlokal, dem „Lëtzebuerger Kaschthaus" im Dorf Hellange, kann man die alten Luxemburger Leibspeisen in authentischer Machart verkosten. Die bäuerliche Tradition dieser Deftigkeiten wird dabei nur behutsam entfettet, der Geschmack vom Lande bleibt erhalten. Die Köchinnen Josephine und Marie tragen dafür Sorge.

Beim Thema Traditionsküche wird Madame Linster im Gespräch plötzlich ganz ernst und grundsätzlich: „Judd mat Gaardebounen und andere kulinarische Spezialitäten wurden – wie überall – von Müttern erfunden, zubereitet und gepflegt. Die Leibgerichte leben von der Liebe, mit der sie vorbereitet werden. Diese einzigartige Qualität schenkt

Die Eltern hatten ein Gasthaus mit Tankstelle in Frisange, die Tochter thront heute lachend im selben Haus unter den Bildern ihrer steilen Karriere. Ein Meilenstein darin ist der in Fischsud gekochte Hummer mit Estragonsauce

ihnen einen besonderen emotionalen und kulturellen Stellenwert, auf individuellem wie auf kollektivem Niveau."

Für die Identität eines kleinen Landes spielen die traditionellen Rezepte nun einmal eine fast staatstragende Rolle. „Das Übertragen von Generation zu Generation verwandelt sie zu Werbeträgern einer Nation", glaubt Madame Linster, *la cuisinère*, die auch nicht immer Appetit auf Hummer, Kaviar und Jakobsmuscheln verspürt, sondern eher auf *Bouneschlupp*, Grüne Bohnensuppe.

Erfolg hast du nur mit etwas Einfachem, das du immer wieder machen kannst", lautet Léas Kredo, „ein Gericht wird erst zum Klassiker, wenn es vor sich selbst bestehen kann – mein Lamm in der Kartoffelkruste zum Beispiel, mit dem ich den Bocuse d'Or gewann." Das Siegerrezept bleibt für immer auf ihrer Speisekarte, da wurden seit 1989 nur ab und zu die Garnituren gewechselt.

Auch anderen Luxemburger Köchen ist es gelungen, die Raffinessen der französischen Haute Cuisine mit den deftigen Traditionen der Bauern- und Winzerküche von Rhein und Mosel auf ideale Weise zu verbinden. In den letzten 25 Jahren konnte sich nicht nur in der Hauptstadt, sondern auch auf dem Land eine beachtliche Anzahl erstklassiger Adressen etablieren. Manche sind gewachsene Familienbetriebe in der dritten und vierten Generation; andere fleißige Newcomer.

Als überzeugte Europäer sind die Luxemburger offen für alles, was die Nachbarn und die ganze Welt kulinarisch zu bieten haben. Sie gehen gern aus, und selbst die Geschäftsessen dauern hier noch etwas länger als anderswo üblich. Wer sein Geld in einem Luxemburger Depot gut angelegt weiß, hat natürlich immer wieder Grund, den diskret vermehrten Wohlstand mit einem mehrgängigen Menü zu feiern. Wogegen Léa Linster nichts einzuwenden hat – solange es bei ihr in Frisange passiert.

„Wir genießen uns selber, wenn wir etwas genießen. Und wenn du froh bist, kannst du auch besser verdauen." Von dieser Erkenntnis ist sie so fest überzeugt wie wir von der Tatsache, dass niemand auf der Welt eine Crème brûlée besser zubereiten kann als Lea Linster aus dem Dorf Frisange am Südende des Großherzogtums. □

Stephan Clauss, *Redakteur des* Feinschmecker, *kennt Frau Linster seit langen Jahren.*

>> Mehr Informationen zu den Restaurants von Léa Linster und das Rezept ihrer Bohnensuppe auf S. 128

Bildnachweis

Anordnung im Layout: o=oben, u=unten, r=rechts, l=links, m=Mitte.
Titel: Klaus Bossemeyer; S. 4 m Walter Schmitz; S. 4 u, 4/5 o Boening/Zenit/laif; S. 4/5 m Thierry Tronnel/Corbis; S. 5 m Bossemeyer, u Hans-Joachim Ellerbrock; S. 6 ol, or AKG, ul Boening/Zenit/laif, ur M. Pasdzior/ White Star; S. 8 o W. Baum/dpa/ picture-alliance, ur BPK; S. 10 l Luxembourg2007, m Ullstein Bild, r Pasdzior/White Star; S. 14, 16 Jörg Modrow; S. 17 Tom Wagner; S. 18-27 Modrow; S. 28/29 Boening/ Zenit/laif; S. 30/31, 32 o, 33, 34, 36 Modrow; S. 32 u Ellerbrock; S. 41 Lola Velasco/SIP; S. 42-51 Bossemeyer; S. 54-56 Matthias Jung; S. 58 Bossemeyer; S. 60-68 Schmitz; S. 70/ 71 Gert Jan van Rooij/Stedelijk Museum, Amsterdam; S. 71 o Angelika Platen, m P. Lux/ dpa/picture-alliance; S. 72/73 P. Lux/ dpa/picture-alliance; S. 73 o Collection Boros /Stedelij Museum, Amsterdam, m Michel Majerus, 2000, Videowand, DVD 30', 25 monitore (variabel), Istallationsansicht: pop reloaded, Hamburger Bahnhof, Berlin, 2003, c) Nachlass Michel Majerus 2000, courtesy Neugerriemschneider, Berlin; S 73 u Wolfgang Kumm/dpa/picture-alliance; S. 74 Michael Rougier/Time Life Pictures/gettyimages; S. 75 ol Vito Fiorenza, or Carl Mydans/Time Life Pictures/gettyimages, ul Nat Farbman/Time Life Pictures/ gettyimages, ur Nina Leen/ Time Life Pictures/gettyimages; S. 76 ol Bob Jakobsen/ Los Angeles Times, or Bill Brandt, ul Raphael Platnik/PHC. United States Guard, ur Elliott Erwitt/Magnum Photos/Agentur Focus; S. 77 ol W. Eugene Smith/Magnum Photos/Agentur Focus, or Dorothea Lange/ gettyimages, ul David Seymour/Magnum Photos/Agentur Focus, ur Werner Bischof/ Magnum Photos/Agentur Focus; S. 78 ol August Sander Archive/Artist Rights Society, New York, photo: courtesy of San Fransisci MOMA, 78 or Henri Cartier-Bresson/Magnum Photos/Agentur Focus; S. 80 ol Wayne Miller/ Magnum Photos/Agentur Focus, or Arthur Witman/St. Lois Post-Dispatch, u Dirk Schröder; S. 85 AKG; S. 86-97 Hans-Joachim Ellerbrock, mit Ausnahme von: S. 90 ul, 94, 95 ur Samnuel Zuder; S. 100-104 Zuder; S. 107 RTL; S. 108 Stapleton Collection/ Corbis; S. 109 Victor Hugo Museum, Vianden; S. 110 Hulton-Deutsch Collection/Corbis; S. 110/ 111 Zuder; S. 111 Pasdzior/White Star; S. 113 l M. Rougemont/Gamma/laif, r Stephan Claus; S. 115, 116 Ellerbrock; S. 117 o Zanettini/laif, u Pasdzior/White Star; S. 118 Modrow; S. 118/119 mit frdl. Genehmigung aus: „Monographies du Grand Duché de Luxembourg„, c) Editions Guy Binsfeld, Luxembourg; S. 120 Ellerbrock; S. 121 Schmitz; S. 122, 122/123 Ellerbrock; S. 123 Schröder; S. 124 Hemispheres/laif; S. 125 Zanettini/ laif; S. 126 Ellerbrock; S. 126/127 Boening/Zenit/laif; S. 128/129, 130 Modrow; S. 135/136 Rol Schleich; S. 137 Bogdan Cristel/Reuters; S. 138 ol Bill Hatcher/ gettyimages, ul Nicolas Cornet, r Mario Weigt.

Die neue Philharmonie auf dem Kirchberg, fotografiert von Klaus Bossemeyer

MERIAN

Heft 03/2007, März, Erstverkaufstag dieser Ausgabe ist der 22. 2. 2007
MERIAN erscheint monatlich im Jahreszeiten Verlag GmbH, Poßmoorweg 2, 22301 Hamburg
Tel. 040/27 17-26 00, Fax 040/27 17-26 28 **Anschrift der Redaktion:** Poßmoorweg 2, 22301 Hamburg
Postfach 130444, 20139 Hamburg, E-Mail: Redaktion@Merian.de, Tel. 040/27 17-0
Website: www.merian.de **Leserservice:** Postfach 601220, 22212 Hamburg
Tel. 040/87 97 35 40, Fax 040/27 17-20 79 **Syndication:** www.jalag-syndication.de
GourmetPictureGuide: Stefanie Lüken, Tel. 040/271 720 02, Fax 040/27 17 20 89, www.gourmetpictureguide.de

Herausgeber: Manfred Bissinger
Chefredakteur: Andreas Hallaschka
Art Directorin: Sabine Lehmann **Chef vom Dienst:** Tibor M. Ridegh
Redakteure: Roland Benn (freie Mitarbeit), Anja Haegele (freie Mitarbeit), Thorsten Kolle (freie Mitarbeit), Kathrin Sander, Charlotte von Saurma **Schlussredaktion:** Tibor M. Ridegh, Jasmin Wolf
Layout: Beke Jürgensen (freie Mitarbeit), Ingrid Koltermann (Schlussgrafik), Dorothee Schweizer (stellv. Art Directorin)
Bildredaktion: Hanni Rapp, Eva M. Ohms, Lars Lindemann (freie Mitarbeit)
Redakteur dieses Heftes: Roland Benn **Bildredakteurin dieses Heftes:** Hanni Rapp
Kartographie: Peter Münch **Dokumentation:** Jasmin Wolf, Sebastian Schulin (freie Mitarbeit)
Andrea Wolf (freie Mitarbeit) **Mitarbeit:** Helmut Golinger, Susanne Strätz
Herstellung: Karin Harder **Redaktionsassistenz:** Sabine Birnbach, Katrin Eggers
Geschäftsführung Premium Magazine: Peter Rensmann **Verlagsleitung Premium Magazine:** Oliver Voß
Group Head Anzeigen Premium Magazine: Roberto Sprengel **Anzeigenleitung:** Christel Janßen
Anzeigenstruktur: Patricia Hoffnauer **Marketing:** Kenny Machaczek, Ulrich Rieger, Sonja Wünkhaus
Vertriebsleitung: Jörg-Michael Westerkamp (Zeitschriftenhandel), Frank H. Häger (Buchhandel)
Verantwortlich für den redaktionellen Inhalt: Andreas Hallaschka
Verantwortlich für Anzeigen: Roberto Sprengel

Verlagsbüros Inland:
Hamburg: Tel. 040/27 17-25 95, Fax -25 20, E-Mail: vb-hamburg@jalag.de
Berlin: Tel. 030/80 96 23-60, Fax -70, E-Mail: vb-berlin@jalag.de
Hannover: Tel. 0511/85 61 42-0, Fax -19, E-Mail: vb-hannover@jalag.de
Düsseldorf: Tel. 0211/901 90-0, Fax -19, E-Mail: vb-duesseldorf@jalag.de
Frankfurt: Tel. 069/97 06 11-0, Fax -44, E-Mail: vb-frankfurt@jalag.de
Stuttgart: Tel. 0711/966 66-520, Fax -22, E-Mail: vb-stuttgart@jalag.de
München: Tel. 089/99 73 89-30, Fax -44, E-Mail: vb-muenchen@jalag.de

Repräsentanzen Ausland:
Basel: Intermag AG, Tel. +4161/275 46-09, Fax -10, E-Mail: info@intermag.ch
London: The Powers Turner Group, Tel. +44 20/7630 99 66 Fax 76 30 99 22, E-Mail: cweiss@publicitas.com
Mailand: Media & Service International Srl, Tel. +39 02/48 00 61 93, Fax 48 19 32 74, E-Mail: info@it-mediaservice.com
Paris: International Magazine Company, Tel. +331/53 64 88 91, Fax 45 00 25 81, E-Mail: imc@internationa .fr
Madrid: Alcála Media International Media Representation, Tel. +34 91/326 91 06, Fax -07, E-Mail: alcalamedia@retemail.es
Wien: Publimedia Internationale Verlagsvertretungen GmbH, Tel. +43 1/21530, Fax 2121602,
E-Mail: ppn-vienna@publicitas.com
New York: The Russell Group Ltd., Tel. +12 12/213 11-55, Fax -60, E-Mail: info@russellgroupltd.com

Die Premium Magazin Gruppe im Jahreszeiten Verlag

A&W Architektur & Wohnen · COUNTRY · DER FEINSCHMECKER · WEIN Gourmet · MERIAN

Gültige Anzeigenpreisliste: Nr. 38

Preis im Abonnement im Inland monatlich 6,37 € inklusive Zustellung frei Haus. Der Bezugspreis enthält 7 % Mehrwertsteuer. Auslandspreise auf Nachfrage. Postgirokonto Hamburg 132 58 42 01 (BLZ 200 100 20) Commerzbank AG, Hamburg, Konto-Nr. 611657800 (BLZ 200 400 00)
Führen in Lesemappen nur mit Genehmigung des Verlages. Printed in Germany

Weitere Titel im Jahreszeiten Verlag: Für Sie, petra, vital, PRINZ, A&W Architektur & Wohnen, COUNTRY, DER FEINSCHMECKER, WEINGourmet, schöner reisen, ZUHAUSE WOHNEN, selber machen
Litho: Alphabeta Druckformdienst GmbH, Hamburg. Druck und Verarbeitung: heckel GmbH, Nürnberg,
ISBN: 978-3-8342-0703-6, ISSN 0026-0029 MERIAN (USPS No. 011-458) is published monthly.
The subscription price for the USA is $ 110 per annum. K.O.P.: German Language Publications, Inc., 153 South Dean Street, Englewood NJ 07631. Periodicals postage is paid at Englewood NJ 07631, and at additional mailing offices. Postmaster: send address changes to: MERIAN, German Language Publications, Inc. 153 South Dean Street, Englewood NJ 07631.

JAHRES ZEITEN VERLAG
Ein Unternehmen der GANSKE VERLAGSGRUPPE

100 JAHRE GANSKE VERLAGSGRUPPE

MERIAN

SEHENSWERT KULTUR ESSEN + TRINKEN ÜBER NACHT LITERATUR AKTIV GESCHICHTE

TOP TIPPS Was Sie in Luxemburg nicht versäumen sollten:

Corniche Ob es der schönste Balkon Europas ist, entscheiden Sie. Auf jeden Fall hat man bei dem Spaziergang über die einstige Stadtmauer den schönsten Blick in die Unterstädte Grund und Clausen.

Mudam Die Meinungen über den Museumsbau des Architekten Jeoh Ming Pei sind gespalten. Wer sich für moderne Kunst interessiert, der findet auf dem Kirchbergplateau das Beste, was Luxemburg zu bieten hat.

The Familiy of Man in Clervaux: Mehr als 50 Jahre nach der erstmaligen Eröffnung in den USA ist die Botschaft des Bilderzyklus immer noch ergreifend.

Grubenmuseum in Rumelange Mit der historischen Bahn geht es in den dunklen alten Eisenerz-Stollen. Wenn dann noch ein pensionierter Kumpel erzählt, wird es besonders spannend.

Vianden Eine Burg wie aus dem Bilderbuch. Mit Waffen, Ritterrüstung, Wehrtürmen... Nur der Schlossgeist fehlt.

Place d'Armes An Sommerabenden wird das Zentrum der Stadt zu einem Festival der Esskultur. Und das bei Livemusik.

Philharmonie auf dem Kirchberg Für Luxemburg ein gewaltiger Sprung nach oben, für Musikliebhaber ein Genuss. Architektur und Akustik des nagelneuen Konzerthauses sind einzigartig.

Eine Landschaft wie Balsam: bei Reisdorf an der Sauer

MERIAN | PARKS UND GÄRTEN

Gemüse im Tal

Luxemburg ist von reichlich Wald umgeben, aber auch in der Stadt geht es grün zu

Das Piratenschiff im **Stadtpark** an der Avenue Montery ist der Hit für Kinder, die Eltern lassen am künstlich angelegten Bach selbst gebastelte Schiffe fahren, Männer und Frauen joggen auf den geschwungenen Wegen. Wo vor gut 140 Jahren noch der Stadtgraben war, zieht sich heute der schattige Grünstreifen wie eine Sichel um die Altstadt. Das Grün wurde teilweise von fernen Reisen mitgebracht: Im Norden rahmen Mammutbäume das Denkmal der Prinzessin Amalia von Sachsen-Weimar, im Süden des Parks vermittelt Bambus am Weiher asiatisches Flair. Skulpturen zeigen Victor Hugo und Mahatma Gandhi neben dem Luxemburger Radprofi François Faber. Am Rande ein Überbleibsel der Festung von 1685, die 1867 geschleift wurde. Der Park trägt heute noch die Hand-

Wildwuchs in der Hauptstadt: Blick aus dem Alzettetal

schrift des Pariser Landschaftsarchitekten André. In der Villa Vauban residiert die städtische Kunstgalerie. **Petruß-Tal:** Die zweite große Grünanlage befindet sich um einiges tiefer am Ufer der Petruß. Dorthin gelangt man zum Beispiel von der Avenue Marie-Thérèse. Einst pflanzten die Benediktinermönche hier Gemüse an, heute tun das Schrebergärtner. Am südlichen Rand sind im Hentze-Park Kunstwerke aus dem Besitz der Dexia-BIL-Bank zu sehen. **Klostergarten:** Gleich bei der alten Steinbrücke über die Alzette hatten die Mönche der Abtei Neumünster einen idealen Platz für ihre Gärten. Der Bockfelsen speichert die Wärme und hält die kalten Nordwinde ab. Seit der Landesgartenschau 2004 wachsen auf den Terrassen wieder Heilpflanzen, gedeiht Gemüse und reifen Trauben.

Die fünf Regionen des Landes sind natürliche Einheiten und dennoch historisch gewachsen

LUXEMBURG
Altstadt

(d 2/3) **Abbaye de Neumünster**
Die ehemalige Abtei der Benediktiner war einige Zeit Männergefängnis und ist heute modernes Kulturzentrum. Hier finden fast täglich Ausstellungen, Konzerte, Theater und andere Veranstaltungen statt. Von der Restaurantterrasse bietet sich ein schöner Blick auf die Oberstadt und den mächtigen Bockfelsen, der zum UNESCO-Welterbe gehört.
Centre Culturel de Recontre Neumünster, www.ccrn.lu

(c 3) **Liebfrauenkathedrale (Cathédrale Notre-Dame)**
Die Hallenkirche wurde 1613 von den Jesuitenbrüdern des angrenzenden Kollegs erbaut, in dem heute die Nationalbibliothek untergebracht ist. Aus jener Zeit stammt auch die Muttergottesstatue. Der Haupteingang (Rue Notre-Dame) ist im Stil der Renaissance ausgeschmückt. Eine Treppe führt direkt neben dem Eingang in die Krypta, wo 1946 der Sarkophag Johanns des Blinden – Graf von Luxemburg und König von Böhmen – einen würdigen Platz bekam.

(b 3) **Casino Luxembourg – Forum für zeitgenössische Kunst**
In dem Gebäude von1882 werden wechselnde Kunstausstellungen gezeigt. Am 19. Juli 1886 gab Franz Liszt in diesem vortrefflichen Rahmen sein letztes öffentliches Klavierkonzert. Die Umbauten des Schweizers Urs Rassmüller sahen weiße Stellwände vor, hinter denen die stuckverzierten Decken hervorschauen. Von dem im Volksmund „Aquarium“ genannten Vorbau bietet sich ein prächtiger Blick über das Tal der Petruß.
41, Rue Notre-Dame
www.casino-luxemburg.lu
Täglich außer Die 11-19 Uhr Do 11-20 Uhr

(b 4) **Galerie für zeitgenössische Kunst „Am Tunnel“**
Die markanten Türme beiderseits der Av. de la Liberté gehören einer Bank, die auch etwas Geld für Kunst übrig hat. So wurde der Verbindungstunnel zwischen den Gebäuden zur Galerie für zeitgenössische Kunst. Neben wechselnden Ausstellungen werden permanent Fotos von Edward Steichen gezeigt. (s. S. 74)
16, Rue Ste-Zithe *Mo-Fr 11-17.30 Uhr, Sonntag von 14-18 Uhr, Eintritt frei*

(b 4) **Musée de la Banque (Bankenmuseum)**
Eingerichtet in der Schalterhalle der Staatssparkasse wird ein Rückblick über 150 Jahre Tradition und Innovation des Geldinstituts gegeben. Genau richtig für eine Finanzstadt wie Luxemburg.
1, Place de Metz, www.bcee.lu
Mo-Fr 9-17.30 Uhr
So 14-18 Uhr

(c 2) **Nationalmuseum für Geschichte und Kunst**
Wertvolle Ausgrabungsfunde, unter anderem eines der besterhaltenen römischen Mosaikböden (2. Jh. n. Chr.). Darüber hinaus interessante Kunstsammlung sowie Münzen, Waffen und Gegenstände aus der ehemaligen Festung. In den dazugehörigen Patrizierhäusern wird Kunsthandwerk und typische Volkskunst gezeigt.
Marché-aux-Poissons
www.mnha.lu *Di-So 10-17Uhr*

(d 3) **Nationalmuseum für Naturgeschichte**
Das Gebäude des ehemaligen Hospiz St-Jean wurde 1995 nach den neuesten museumspädagogischen Kenntnissen umgebaut. Mit Film und Video, Experimenten und Spielen

Die Lettern (L 3) beziehen sich auf die MERIAN-Karte auf S. 131

Das Gotteshaus der Hauptstadt: Notre-Dame ist seit 400 Jahren ein Schmuckstück hoch über der Petruß

werden dem Besucher die naturgeschichtlichen Phänomene spannend näher gebracht.
25, Rue Münster, www.mnhn.lu

(c 2) **Großherzogliches Palais**
Die offizielle Residenz der großherzoglichen Familie steht am Rande der Fußgängerzone. Urlauber aus aller Welt drängen sich am Eingang, um junge Wachsoldaten zu fotografieren. Der Renaissancepalast (16. Jh.) wurde im Barock erweitert. Bis 1815 war er Rathaus.
www.lcto.lu
Besichtigung von Juli-Sept. (Führungen), Infos und Tickets beim Touristenbüro.

(b 2) **Place d'Armes und Stadtpalais Cercle**
Auf dem größten Platz mit seinen Schatten spendenden Bäumen und den vielen Bänken schlägt das Herz der City. Die zahlreichen Restaurants sind immer gut besucht. Das auffallende Verwaltungsgebäude Cercle Municipal diente 1953 bis 1969 als Tagungsort der Europäischen Gemeinschaft für Kohle und Stahl (EGKS).

(b/c 2/3) **Place Guillaume II**
Einer der beiden Hauptplätze in der City mit vielen Cafés und Restaurants. Die Einheimischen nennen ihn „Knuedler", nach den Kuttenknoten der Franziskaner, die hier ihr Kloster hatten. Der Platz erhielt seinen heutigen Namen nach dem Reiterstandbild Wilhelms II., des Königs der Niederlande und Großherzogs Luxemburgs (19. Jh.). Flankiert wird er vom 1838 eingeweihten Rathaus.

(b 3, d 2) **Kasematten**
Die Österreicher hatten die Kasematten im 18. Jh. perfekt mit Werkstätten und Versorgungsräumen angelegt. 1867 musste die Festung geräumt und anschließend geschleift werden, da Luxemburg neutral wurde. Weite Teile der unterirdischen Gänge sind heute zugänglich. Am imposantesten sind die Bockkasematten unter der alten Burg.
www.lcto.lu
März-Okt. tgl. 10-17 Uhr, Zugang zu den Petruß-Kasematten an der Place de la Constitution Ostern, Pfingsten und Juli-Sept. tgl. 11-16 Uhr

(d 2) **Pfarrkirche St. Michael**
Die älteste Kirche der Stadt stammt aus dem Jahr 987. Direkt zwischen Bockfelsen und Fischmarkt, wurde sie bei Angriffen auf die Festung Luxemburg immer wieder beschädigt, wiederaufgebaut und vergrößert. Die Formen des Barockaltars von B. Namur und das gotische Gewölbe (1519) harmonieren dennoch wundervoll.
Tgl. 10-17 Uhr

(e 3) **Soldatenfriedhöfe**
In Sandweiler ruhen 10913 gefallene deutsche Soldaten des Zweiten Weltkriegs. Auf dem Friedhof in Clausen liegen 196 deutsche Soldaten aus dem Ersten Weltkrieg. 1,5 km entfernt, im Wald von Hamm befinden sich 5100 Gräber von US-Soldaten, die größtenteils bei der Ardennenoffensive 1944/45 ums Leben kamen.

(e 1) Auf dem Kirchberg

Europaviertel
In den 1960er Jahren entstand auf dem Plateau du Kirchberg (Kiirchbierg), neben Brüssel und Straßburg das dritte Zentrum der Europäischen Gemeinschaft. Inzwischen haben sich in Luxemburg mehrere europäische Institutionen niedergelassen. Dass die Architekten bei der Umsetzung weitgehend freie Hand hatten, wird schnell deutlich: Das weiße Europahochhaus schießt wie ein Wahrzeichen 82 m aus dem Grün des Kirchbergs empor. In futuristischer Architektur entstand nebenan das Konferenzgebäude und 2005 die Philharmonie. **Siehe Seite 42**

Kunst und moderne Architektur
Hochkarätige Künstler wurden in der Bankmetropole mit der „Kunst am Bau" beauftragt. Ihre Werke sind über die ganze Stadt verteilt. Beispielsweise das chaotische Kunstwerk aus viel Schrott vor der Hypobank International auf dem Kirchberg-Plateau. Der Archi-

MERIAN | TIPP

Spannende Zeitreise

Nach neuem Konzept werden im Geschichtsmuseum 1000 Jahre Stadthistorie so spannend präsentiert, wie es das in dieser Form noch nie gab. In den drei in den Fels gearbeiteten Untergeschossen des Gebäudekomplexes (Ursprünge aus dem 15. Jh.) entdecken Sie, wie sich Luxemburg von der kleinen Burg zur Hauptstadt entwickelte. In der dritten Etage (oberer Eingang) können Sie die gewonnenen Eindrücke in der Cafeteria wirken lassen, um sich anschließend in den hellen oberen Stockwerken über das Leben der Luxemburger in den vergangenen Jahrhunderten zu informieren. Den Besucher unterstützt ein interaktives Multimedia-System, das „persönliche Beratung" bietet. Sie können aber auch auf klassische Weise durch das Museum streifen und die Hinweistafeln lesen. Für Kinder ist ein spezieller Bereich eingerichtet. 2006 wurde die Dauerausstellung komplett erneuert.
(c 3) **Geschichtsmuseum der Stadt Luxemburg (Musée d'Histoire de la Ville de Luxembourg)**
Zugänge: von der Corniche und Rue du St-Esprit
Di-So 10-18, Do bis 20 Uhr
www.mhvl.lu

Von hier geht's in den Felsen: Foyer des Museums

Zum Wandern, Surfen und Betrachten: der Obersauer-Stausee

MERIAN | TIPP

Ganz unten

Grund, Clausen und Pfaffenthal

Dicht gedrängt stehen die Häuser am Zusammenfluss von Alzette und Pétrusse, wo die Orte Grund, Clausen und Pfaffenthal fast nahtlos ineinander übergehen. So manch romantischer Winkel ist aus der Zeit erhalten, als sich hier Handwerksbetriebe und Arbeiterwohnungen befanden. Wer früher in die Oberstadt wollte, musste durch das Armeleuteviertel. Zum ehemaligen Benediktinerkloster gehört die Neumünsterkirche St. Johann auf dem Stein, 1688 bis 1705 nach einem Brand wieder aufgebaut und auf der UNESCO-Liste schützenswerte Denkmäler.

Zugang nach Grund per Aufzug vom Plateau du St-Esprit, authentischer jedoch wie im Mittelalter vom Fischmarkt über die steile Rue Large durch das Stadttor.

Kulturelles Herz der Stadt: Abtei Neumünster

tekt Richard Meier wollte seine streng geometrische Architektur mit Frank Stellas undisziplinierter Kunst konfrontieren: „Sarreguemines" ist eine Huldigung der Luxemburger Stahlkocher. „Delphi Heliotroph", ein dreibeiniger Riese, ziert seit 1993 die kuppelüberdachte Halle der Deutschen Bank in der Rue Jean Monnet auf dem Kirchberg-Plateau. Diese Anspielung des Künstlers A.R. Penck auf die Pythia, die Prophetin des delphischen Orakels, wiegt 4,5 Tonnen.

Siehe S. 42 und www.lcto.lu

Hinweise gibt die Broschüre „Architektur und Kunst im öffentlichen Raum – Kirchberg", erhältlich im Touristenbüro

Mudam

„Musée d'Art Moderne Grand Duc Jean" war zu kompliziert, daher die Abkürzung. Seit der Eröffnung im Juli 2006 ist das supermoderne Gebäude das erste Museum für zeitgenössische Kunst in Luxemburg. Es wurde vollständig von Künstlern konzipiert und hat es sich zur Aufgabe gemacht, nah am Nerv der internationalen Kunstszene zu bleiben. Architekt Ieoh Ming Pei hat mit dem Standort auf dem historischen Fort Thüngen (Dräi Eechelen oder Drei Eicheln) ein interessantes Spannungsfeld geschaffen. Der Anspruch der Organisatoren ist es, dem Besucher auf 6000 m^2 ein lebendiges Museum zu präsentieren.

3, Park Dräi Eechelen
s. S. 42 und www.mudam.lu

tgl. außer Di 11-18 Uhr
Mi bis 20 Uhr

Philharmonie

Das Konzerthaus – Stolz und neues Aushängeschild der Stadt – wurde nach Entwürfen des Architekten und Pritzker-Preisträgers Christian de Portzamparc gestaltet. Für die ausgefeilte Akustik ist Albert Yaying Xu, einer der weltweit führenden Experten auf diesem Gebiet, verantwortlich. Am 26. Juni 2005 wurde das Luxemburger Juwel eröffnet. Das moderne einladende Gebäude mit seiner weißen Säulenfassade auf dem Kirchberg-Plateau ist schon von weitem zu sehen. Dank der außergewöhnlichen Akustik hat Luxemburg die Chance, sich als ein bedeutender Konzertort zu profilieren.

Kirchberg, Av. J. F. Kennedy
www.philharmonie.lu

ARDENNEN

(C/D) Clervaux

Benediktinerabtei

1910/11 haben die Benediktinermönche auf der höchsten Erhebung die neoromanische Abtei errichtet. Der Turm, der weit über die Baumwipfel hinausragt, gleicht dem romanischen Glockenturm der Gründerabtei in Cluny (Frankreich). In der schlichten dreischiffigen Kirche finden sich die Mönche siebenmal am Tag zum Gebet ein. In der Krypta wurde eine Ausstellung zum Leben der Mönche eingerichtet. Souvenirverkauf.

Burg

Eingebettet in dichtes Grün leuchtet die Burganlage weit unten im Tal. Der ungewöhnlich erscheinende weiße Verputz entspricht dem ursprünglichen Zustand. Hellebarden und Ritterrüstungen suchen Sie in der Burg vergebens, dafür gibt es Waffen des 20.Jhs. aus der Ardennenoffensive zu sehen. Und vor allem die berühmte Fotoausstellung „The Family of Men" von Edward Steichen. Sie wurde von der UNESCO in die Liste des Weltdokumentenerbes aufgenommen. Die Bilder stammen von Fotografen aus der ganzen Welt.

s. S. 74, www.cna.lu

März-Dez. tgl. außer Mo 10-18 Uhr, Ostern bis Sept. auch Mo geöffnet.

(D/E 4) Diekirch

Burgruine Bourscheid

Die Anlage beeindruckt durch ihre Lage und die gewaltigen Wehrtürme. Ihr Ursprung reicht mehr als 1000 Jahre zurück. Vom eckigen Turm „Luginsland" bietet sich ein großartiges Panorama. Die restaurierten Ecktürme und das Château lassen die abschreckende Wirkung der mittelalterlichen Burg erahren.

15 km nordwestlich von Diekirch, www.bourscheid.net

Apr.-Sept. tägl. 9-18 Uhr, im Winter bis 17, an Wochenenden und Feiertagen 11-16 Uhr

Museum der Ardennenoffensive (Musée National de l'Histoire Militaire)

Die nachgestellten Kriegsszenen wurden weitgehend anhand von Fotos rekonstruiert. Diese Ausstellung möchte auf die enorme Zerstörung 1944/45 aufmerksam machen, als deutsche Truppen der Offensive der Alliierten erbitterten Widerstand leisteten. Es dauerte viele Jahre, bis sich die Region von den Verwüstungen erholt hatte.

10, Rue Bamertal
www.nat-military-museum.lu

Apr.-Okt. täglich 10-18 und Nov.-März 14-18Uhr

(C 4) Esch/Sauer

Burgruine

Die Mauerreste überragen das kleine und überaus sehenswerte Ardennenstädtchen im Nordwesten des Landes. Sie

sind Zeugen einer mehr als tausendjährigen Vergangenheit. 927 wurde der Grundstein für die Festung gelegt. Im 14. Jh. gab es Erbstreitigkeiten, und die Wirren der Französischen Revolution bedeuteten 1789 das Ende. 1893 ging die Anlage in Staatsbesitz über. Mit 465 m Länge reichte die Festungsmauer bis hinunter zur Sauer und riegelte damit das Tal vollständig ab. Von strategisch wichtiger Bedeutung war der Lochturm auf dem Nachbarfelsen. Aus 30 m Höhe konnte von hier aus das Tal in beide Richtungen eingesehen werden.
www.castle-esch-sur-sure.lu
ganzjährig geöffnet, Eintritt frei

Kaerzefabrik
Hier werden die großen Konfirmations- und Altarkerzen nach alter Tradition in aufwändiger Handarbeit hergestellt und verziert. Bei dem großen Sortiment bunter Kerzen lässt sich in der Boutique mit Sicherheit ein Souvenir finden.

Naturpark Obersauer
Der Naturpark umfasst die typische Ardennenlandschaft rund um den Obersauer Stausee. Der Gemeindeverbund hat zum Ziel, die vorhandenen Ressourcen aufzuwerten, die Entwicklung der Region zu fördern und die Umweltbildung zu unterstützen. Verschiedene Erlebnispfade sowie familiengerechte, thematische Rundwege führen durch diese dicht bewaldete Mittelgebirgslandschaft in den Ardennen.

Stausee Obersauer
Über 19 km wurde der gewundene Fluss bis zur Pont Misère aufgestaut. Es entstand ein Dorado für Segler, Surfer und Schlauchbootkapitäne. Badezugänge bei den kleinen Orten. Ein ausgedehnter Wanderweg (Circuit du Lac) von 48 km Länge erschließt auf angenehmen Waldwegen (und kurzen Straßenpassagen) das Gebiet um den Stausee.

Skulpturensymposien
Zum Kulturjahr 1995 legten vier Künstler den Grundstein für das Skulpturensymposium in Bilsdorf. Mit dem natürlichen Umfeld aus Wiesen, Bäumen und Himmel bilden die Steinplastiken ein Gesamtkunstwerk. 1999 entstand in Lultzhausen ein weiterer Skulpturenpark.

Tuchfabrik
Die alte Maschinenhalle der ehemaligen Tuchfabrik wurde zum aktiven Museum umgewandelt, wo den Besuchern der vollständige Produktionsablauf von der Wolle bis zum fertigen Tuch vorgeführt wird. In der Tuchfabrik befindet sich auch das Naturparkzentrum, die touristische Informationsstelle der Region.
15, Route de Lultzhausen

(D 3) Lellingen

Museumsdorf
In den 1980er Jahren wurde Lellingen sorgfältig restauriert und mit Einverständnis der Bevölkerung zum Modelldorf erklärt. So konnte der Charakter eines einfachen Ardennendorfs mit schiefergedeckten Häusern und dem Misthaufen vor der Tür bis heute bewahrt werden. Die Idylle wird einmal im Jahr unterbrochen, wenn hunderte von Besuchern Ende Juni zum Open-Air-Kunst-Festival nach Lellingen strömen. Den ganzen Tag sind dann die Hobby- und Profikünstler bei ihrer Arbeit zu beobachten. Von den Besuchern werden die Werke preisgekrönt.
10 km südlich von Clervaux

(D 3) Munshausen

Freilichtmuseum
In dem Marktflecken leben längst vergessene Bräuche wieder auf. In der Robbesscheier sind alte Gerätschaften ausgestellt, die früher von den Ardenner Pferden gezogen wurden. Im Freilichtmuseum kann man täglich von 10-17 Uhr zusehen, wie früher Getreide gedroschen und Brot gebacken wurde. Auch Eselsritte oder Fahrten mit der Pferdekutsche sind im Angebot. Im Restaurant werden traditionelle Gerichte aufgetischt.
www.robbesscheier.lu
wenige Kilometer südlich von Clervaux

(E 4) Vianden

Burg
Eine Burg wie aus dem Bilderbuch, mit Waffen, Ritterrüstung und Verteidigungstürmen. Die mittelalterliche Anlage hat als eine der wenigen ihren romanisch-gotischen Charakter bewahrt. Die Burgkapelle wurde als einzige in Luxemburg in ihren ursprünglichen Farben wieder hergestellt. Es ist ein ungewohnter Anblick, doch der bunte Kirchenraum entspricht dem romanischen Zeitgeist. Einer der Wandteppiche (an der Stirnwand) zeigt als Kopie der Sixtinischen Kapelle das Opfer von Hydra. Die Küche wurde so eingerichtet, dass man gleich Appetit auf Ardennenschinken bekommt.
www.castel-vianden.lu
individuelle Besichtigung Apr.-Sept. tgl. 10-18, März und Okt. 10-17, sonst 10-16 Uhr, 1.Jan., 2. Nov. und 25. Dez. geschl.

Victor-Hugo-Museum
Hier wohnte Victor Hugo (1802-1885) während seines Exils. Von seinem Zimmer aus konnte er die Burg sehen. Vier Etagen des Wohnhauses sind zu besichtigen.
S. S. 108; 37, rue de la Gare
www.victor-hugo.lu
tgl. außer Mo 11-17 Uhr

Kupfergrube Stolzemburg
Das Museum berichtet ausführlich über die Kupfergewinnung. Zudem gibt es einen Lehrpfad und Stollenführungen.
www.stolzembourg.lu
im Juli und Aug. tgl. Führungen, Vorsaison an Wochenenden

(C 3) Wiltz

Béiermusée
Die Pferdeställe des Wiltzer Schlosses sind heute ein Brauereimuseum. Das Bierbrauen kann der Besucher hier beobachten und auf Wunsch sogar erlernen, in der Wirtsstube wird das Bier dann ausgeschenkt. Das zugehörige Gerbereimuseum veranschaulicht die Geschichte des alten Handwerks.
Château de Wiltz
Mo-Fr 9-12 und 14-17
Sa 10-12 Uhr

MERIAN | BURGEN UND SCHLÖSSER

Von Trutz und Schutz zu Macht und Pracht

In Luxemburg lässt sich die Entwicklung vom einfachen Wehrbau zum Schloss gut verfolgen

Kaum ein anderes Land hat im Verhältnis zu seiner Fläche so viele Burgen wie Luxemburg. Von den 110 im Mittelalter bestehenden Burgen und Schlössern sind heute noch 50 ganz oder teilweise erhalten. Sie spiegeln die bewegte Vergangenheit eines Landes wider, das Eroberern aus allen Himmelsrichtungen ständig im Weg stand.

Klassische Burganlagen, wie wir sie aus Film und Spielzeugladen kennen, kamen erst im Mittelalter auf. Die ältesten Funde zeigen großräumige Befestigungen, in denen bei Gefahr ganze Dorfgemeinschaften Schutz finden konnten. Kleinere Anlagen dienten den Stammeshäuptlingen und ihrem Gefolge als Zuflucht. Bis in die Zeit der Kelten reicht das **Oppidum auf dem Tëtelbierg** (Titelberg) im Süden des Landes bei Differdange zurück. Diese stadtähnliche Anlage war auf fast drei Kilometern Länge von einer hohen Mauer umgeben. Als die Römer das Land besetzten, nutzten sie solche Strukturen für ihre Kastelle.

Die Ritterburgen entstanden zwischen dem 9. und 10. Jahrhundert, als die Lehnsherren immer mehr auf Eigenhilfe angewiesen waren. Ein wahrer Burgen-Bauboom

Im Tal der sieben Schlösser: Garten von Schloss Ansembourg

setzte im 11. Jahrhundert ein. **Kaiser Konrad II.** hatte im Jahr **1037** die Vererbbarkeit aller Lehen verfügt. Infolge der Erbteilung wurden die Ländereien immer kleiner und die Zahl der Burgen stieg rasant. Am häufigsten wurden die Wohnsitze auf Felsvorsprüngen errichtet, die geschützt lagen und guten Überblick boten. Auffallend ist, dass die Anlagen zwar auf Felsspornen errichtet sind, doch oft in einer Senke liegen. Dies ist auf die damalige Waffentechnik zurückzuführen, die vornehmlich aus Pfeil und Bogen bestand. Vier Jahrhunderte dauerte die Blütezeit der Ritterburgen, bis weiter reichende Feuerwaffen den Niedergang der Trutzburgen einleiteten. Viele Anlagen wurden während der französischen Besatzung zwischen 1684 und 1690 geschleift. Zur gleichen Zeit trachteten die Burgherren nach mehr Wohnkomfort, den ihnen die alten Gemäuer nicht boten. Wer es sich leisten konnte, ließ sich in Burgnähe ein Renaissance-Schlösschen errichten.

Seit einigen Jahren kümmert sich die **Luxemburgische Burgenvereinigung** um eine Wiederbelebung einiger dieser historischen Anlagen. Nach dem Motto „eine Zukunft unserer Vergangenheit" bekommen die 20 bedeutendsten Burgen eine neue Bestimmung und werden der Öffentlichkeit zugänglich gemacht. Dass dieses Konzept erfolgreich ist, zeigen die jährlich rund 200 000 Besucher in der Ardennenstadt **Vianden.** Mit großem Aufwand wurde die klassische Ritterburg wieder restauriert und so eingerichtet, wie man es erwartet. Die **Burg Bourscheid,** die um das Jahr 1000 entstand, gehört mit acht Wehrtürmen ebenfalls zu den Klassikern. 1472 kam noch eine Vorburg mit Palisaden hinzu, die der gewaltigen Anlage ein imposantes Aussehen verleiht. 1812 ließ der letzte adelige Eigentümer den Besitz öffentlich versteigern. 150 Jahre später wurde die als „historisches Denkmal" eingestufte Ruine vom Staat erworben und seitdem Schritt für Schritt restauriert. Ausgetüftelte Beleuchtung verwandelt sie am Abend in eine Märchenkulisse. Die **Trutzburg in Clervaux** erhebt sich in weißem Gewand über der Stadt. Von anderen Anlagen sind Mauergerippe erhalten, die zwar faszinieren, aber die einstige Wehrhaftigkeit nur noch erahnen lassen. So die Fragmente in **Beaufort** und **Useldange,** die sich vor blauem Himmel abzeichnen. In **Wiltz** dient das Renaissanceschloss mit seiner monumentalen Treppe aus dem 18. Jahrhundert als Kulisse für die weltbekannten Festspiele. Ganz anders wirkt **Schloss Colpach** auf den Gast. 1747, als mit dem Neubau begonnen wurde, diente er nicht mehr dem Schutz, sondern eher der Repräsentation. So strahlt die dreistöckige Fassade mit ihren vielen Fenstern in einer offenen Großzügigkeit. Großzügig wurde auch der Park 1870 vom Baron Eduard von Marches im ländlichen Stil errichtet, der heute Besuchern zugänglich ist.

Einen schönen Eindruck der Burgenwelt bietet der Wanderweg durch das Tal der Eisch, **Tal der sieben Schlösser** genannt. Länge: 37 km, **Start:** Parking, Gaichel; **Ziel:** Place St-Michel, Mersch. **Höhe:** 341 m (max) - 245 m (min)
Weitere Informationen: Luxemburgische Burgenvereinigung www.adclux.info, Postfach 1001, L–1010 Luxembourg jeanclaude.conter@ont.lu

Jung trifft Alt: Blick von der Orangerie über den Garten der 1300 Jahre alten Abtei von Echternach

Schumanns Eck

Natursteinmauern ragen in den Himmel, nackte Betonwände, Eisenverstrebungen – hier war Krieg! An kaum einem anderen Ort an der Westfront wurde im eisigen Winter 1944/45 innerhalb so kurzer Zeit auf so engem Raum so unglaublich viel Blut auf beiden Seiten vergossen. Die symbolische „Gebäuderuine" erinnert zugleich an die damalige Verwüstung der Dörfer und Städte. Das Mahnmal steht fast unbeachtet neben der stark befahrenen Kreuzung der N26/N15, 5 km südwestlich von Wiltz. Hier beginnt ein 3 km langer Rundgang, wo Bombentrichter und Schützengräben an die erbitterten Kämpfe des Zweiten Weltkriegs erinnern. Als Zeichen der Versöhnung zwischen Deutschen und Alliierten wurde zum 60. Jahrestag ein Gedenkstein (am Parkplatz) für die Opfer errichtet. Veteranen beider Seiten waren bei der Einweihung zugegen.
www.nat-military-museum.lu

MÜLLERTHAL

(F/G 5) Echternach

Abteigebäude

Im 18. Jh. entstand diese europäische Gemeinschaftsproduktion verschiedener Künstler und Architekten. Mit 75 m Länge ist die gewaltige vierflügelige Anlage mit Abstand die größte in Luxemburg. 1795 flohen die Mönche vor den französischen Revolutionstruppen. Am Rande des Klosters befindet sich in einem Garten die Orangerie. Die Pforte ziert ein kunstvoll geschmiedetes Tor.
Apr.-Okt. tgl. 10-12 und 14-17
Juli und Aug. 10-18 Uhr

Willibrord-Basilika

Was heute romanisch-gotisch anmutet, wurde in den fünfziger Jahren wieder aufgebaut. Die Abteikirche war gegen Ende des Zweiten Weltkriegs beim Rückzug der deutschen Truppen (Ardennenoffensive), wenige Jahre nach der Restaurierung, zerstört worden. Seit 1989 Nationaldenkmal. In der Krypta (8./9. Jh.) werden die Gebeine des heiligen Willibrord aufbewahrt.

Römische Villa

Die größte bisher freigelegte Villa Galliens (50-100 n. Chr.) gehörte zweifellos einer wohlhabenden Persönlichkeit. Mehrere Räume waren mit Fußbodenmosaiken ausgeschmückt, die im Abteimuseum ausgestellt sind. Wie das Alltagsleben vor rund 2000 Jahren in einer solchen Villa ausgesehen haben könnte, wird in dem didaktischen Museum veranschaulicht. Ein eigens produziertes Kinderbuch und Workshops machen das Museum für die ganze Familie interessant.
Am Ortsrand Richtung See gelegen und an den rekonstruierten Säulen zu erkennen.
www.villa-echternach.lu
Ostern bis Ende Okt.

Abteimuseum

Im ehemaligen Weinkeller der Abtei sind einige kunstvolle Kopien ausgestellt, darunter auch die des weltberühmten Codex Aureus, dessen Original im Germanischen Nationalmuseum in Nürnberg aufbewahrt wird. Perlen und Edelsteine zieren das Meisterwerk der Buchkunst aus dem 10./11. Jh. In der nachgebildeten Schreibstube werden die verschiedenen Schritte der mittelalterlichen Buchproduktion anschaulich dargestellt.
Apr.-Ende Okt. tgl. 10-12 und 14-18, sonst Sa, So 14-17 Uhr

Museum der Vorgeschichte

Die kleine Bronzestatue vor dem Hihof, einem ehemaligen Wirtschaftsgebäude des Klosters, verdeutlicht sehr gut, was es innen zu sehen gibt: über eine Mio. Jahre Menschheitsgeschichte. Unter den vielen Speeren, Pfeilspitzen und kunstvoll bearbeiteten Messern der privaten Sammlung befinden sich in einer Vitrine die ältesten Fundstücke aus Luxemburg, Beigaben einer Grabstätte, die vor rund 8000 Jahren angelegt wurde. Im Erdgeschoss Steingut aus Echternach, das nach der Französischen Revolution in der Kathedrale hergestellt wurde.
2, Rue des Tanneurs
April bis Oktober tgl. außer Mo 10-12 und 14-17 Uhr
Juli und Aug. 10-17Uhr

Girsterklaus

Das Kleinod in schlichter romanischer Bauweise (12. Jh.) liegt am Rande des gleichnamigen Weilers auf einer Anhöhe. Es ist der älteste Marienwallfahrtsort Luxemburgs. Die Hauptperson, Maria mit Kind (die Darstellung stammt aus dem 14. Jh.), steht im weißen Gewand auf dem Barockaltar. Zur großen Prozession am ersten Sonntag in der zweiten Augusthälfte pilgern Tausende hierher.
Anfahrt: von Echternach nach Rosport Richtung Wasserbillig, im Weiler Hinkel rechts hoch. 10 km von Echternach

(F 5) Müllerthal

Kleine Schweiz

Das bekannte Waldtal mit von Moos bewachsenen Steinen, kleinen Wasserläufen und mächtigen, teils überhängenden Felsen ist das Aushängeschild der „Kleinen Luxemburger Schweiz". Die Reize dieser Landschaft liegen abseits der Straßen entlang der gut beschilderten Wanderwege. Der Schiessentümpel, eine kleine Kaskade, über die das Wasser der Ernz Noire hinabschießt, erweckt als Postkartenmotiv große Erwartungen, die durch die Nähe der Straße und die bescheidenen Dimensionen schnell enttäuscht werden können. Für den Autofahrer ist dieser Teil des Müllerthals der schönste Abschnitt. Zu Fuß kommt man bei einer Tageswanderung Richtung Berdorf/Grundhof an der Keltenhöhle, dem Predigtstuhl, der Ritterhöhle, dem Adlerhorst und anderen markanten Felsgebilden vorbei.

(F 5) Beaufort

Burgruine

Anziehungspunkt des Dorfes Beaufort (Befort) ist die sehenswerte Burgruine. Steil führen die Wege vom ansprechend restaurierten Orts-

INFO SEHENSWERT

kern hinab zum Château. Eine zweite Befestigungsmauer und die noch gut erhaltenen Rundtürme kamen im 16. Jh. zur Verstärkung hinzu. Die Folterkammer beweist, dass mit Gefangenen damals nicht gerade zimperlich umgegangen wurde. Ein Naturerlebnispfad beginnt gegenüber der Burg.
Im Bild auf S. 96/97. Besichtigung tgl. Apr.-Okt. 9-18 Uhr

(E 5) Larochette

Burgruine
Aus dem Grün der Baumkronen ragen die Mauerreste empor, die eine bewegte Vergangenheit bezeugen. Die Außenmauern der Ruine scheinen mit den Felsen zu verschmelzen, auf dem die erste Burg im 12. Jh. entstand. Seit dieser Zeit wurde die Anlage zu einer der größten Bastionen des Landes ausgebaut. Im 16. Jh. wurde sie zerstört.
Der 1979 restaurierte gotische Wohnturm vermittelt einen Eindruck von der einfachen mittelalterlichen Wohnkultur.
Ostern - Ende Okt. tgl. 10-18 Uhr

MOSEL

(E 8) Dalheim

Gallo-römisches Theater
Ein sensationeller Fund nimmt immer mehr Konturen an. Seit Mai 1999 wird das Theater sorgfältig von den überlagerten Erdschichten freigelegt. Bisher wird vermutet, dass es 260 n. Chr. zur Zeit der ersten Germaneneinfälle aufgegeben und dann als Steinbruch verwendet wurde.
An der N13 nahe Dalheim-Filsdorf

(F 7/8) Ehnen

Rundkirche
Die einzige Rundkirche des Landes finden Sie mitten im gemütlichen Winzerdorf, eingezwängt zwischen schmalen Häusern. Nur der romanische Turm ragt heraus.

Weinmuseum
Eingerichtet wurde das Museum in dem ehemaligen Gut eines wohlhabenden Weinbauern. Die unzähligen Exponate vermitteln einen guten Einblick in die beschwerliche, aber auch vielseitige Arbeit der Weinbauern vergangener Tage. Zu dem Winzerhaus gehören auch die Schmiede mit ihren vielen Gerätschaften, das Eichamt, die Kelterei und Küferei. Im kleinen Musterweinberg hinter dem Haus wachsen die verschiedenen Rebsorten nebeneinander. Dass zum Abschluss eine Weinprobe stattfindet, versteht sich von selbst.
Route du Vin *Apr.-Okt. tgl. 9.30-11.30 und 14-17 Uhr*

Noch heute bewacht sie ihr Städchen: die Ruine von Larochette

(G 7) Grevenmacher

Druck- und Spielkartenmuseum
In den Räumlichkeiten des Kulturzentrums sind die alten Druckmaschinen wieder im Einsatz. Wer sich für Spielkarten interessiert, findet hier eine große Sammlung.
54, Rue de Trèves
www.kulturhuef.lu
Tgl. außer Mo 14-18 Uhr

Caves Bernard-Massard
In der größten privaten Weinkellerei Luxemburgs wird ein Großteil der Reben zu Qualitäts-Schaumwein nach der *Méthode Champenoise* verarbeitet. Auf einer Führung durch die Lagerstätte wird dem Besucher der lange Weg von der Traube bis zum edlen Tropfen erläutert.
Route du Vin (Hauptstraße an der Mosel)
Apr.-Okt. tgl. 9.30-17 Uhr

Schmetterlingsgarten
Durch das schwülwarme Glashaus schwirren bunte Schmetterlinge so groß wie zwei Kinderhände. Doch es sind nicht nur tropische Schmetterlinge zu bestaunen, sondern auch Exoten wie Pfeilgiftfrösche, das Chamäleon oder die Sinke, eine Echsenart, die ihren Nachwuchs lebend gebiert.
Route de Trèves
Apr.-Mitte Okt. tgl. 9.30-17 Uhr

Caves St-Martin
Bei dem zweitgrößten Schaumweinproduzenten Luxemburgs lagern die Spitzenprodukte im klassischen Weinkeller, der 1920/21 tief in den Berg geschlagen wurde. Die spezielle Rezeptur, die den Wein in einen perlenden Sekt verwandelt, ist ein streng gehütetes Geheimnis. Bei einer Führung werden die verschiedenen Produktionsschritte erklärt. Eine Sektprobe ist inbegriffen.
Apr.-Okt. tgl. 10-12 und 13.30-18 Uhr

(F 7) Wormeldange

Weinkellerei (Crémantkellerei Poll-Fabaire)
Hier lagern bis zu 3 Mio. Liter Wein, darunter hervorragende Lagen. Die geführte Besichtigung der Genossenschaftskellerei schließt mit einer Verkostung ab.
Route du Vin
Apr.-Aug. Mo-Fr 11-20 Uhr Sa 11-18 Uhr, sonst Sa/So 10.30-20 Uhr

LAND DER ROTEN ERDE

(D 8/9) Bettembourg

Märchenpark (Parc Merveilleux)
Ein Buggy-freundlicher Weg führt an den verschiedenen Märchenhäusern vorbei, in denen die Hauptdarsteller Schneewittchen, Rotkäppchen und viele andere Märchenhelden vertreten sind. Eltern brauchen die dazugehörige Geschichte nicht selber zu erzählen, sie ertönt aus den Lautsprechern – auch auf Deutsch. Die älteren Kinder sind von den Elektroautos und einem „Ausritt" auf dem Holzpferd durch den Wald begeistert. Der Park ist in einem Buchenhain angelegt, in dem auch Ziegen und Damwild und andere Tiere zu sehen sind. Für Speis und Trank ist gesorgt.
Am Ortsrand, direkt an der

Schönheit des Verfalls: Zwischen Pétange und Differdange rosten 100 Jahre Industriegeschichte vor sich hin

Straße nach Mondorf
Apr.-Okt. tgl. 9.30-18 Uhr

(C 9) Esch-sur-Alzette

St. Joseph

Die Neogotik des 19. Jhs. ist weit mehr als die Wiederaufnahme einstiger Formen. Dass sie eine ganz eigene Stilwelt entwickelt hat kann man in Esch erleben: Die St.-Joseph-Kirche von 1877 wurde zum nationalen Monument erklärt. Architekt war kein geringerer als Charles Arendt. Die Pläne wurden vom französischen Architekten und weltweiten „Vater der Neugotik" Violet- e-Duc gutgeheißen. Die Dreiteilung der Fassade bis hin zur Rosette, deren zwölf Elemente ein Vielfaches davon ist. Im Innenraum der Kirche wurden die Kapitelle reich verziert.
Rue d'Eglise

Herz-Jesu-Kirche

Ganz ungewöhnlich ist die Architektur der ökumenischen Herz-Jesu-Kirche, die in den Jahren zwischen den Kriegen entstand. Dies fällt sowohl bei der zurückgesetzten Fassade als auch im Kircheninneren auf. Der hohe schlichte Raum ist auf den Altar und das riesige Mosaik ausgerichtet, welches den segnenden Jesus mit einem ebenfalls riesigen Herz darstellt. In der Kapelle rechts vom Eingang verehren die Portugiesen ihre heilige Fatima.
Rue Z. Bernard

Kunstgalerie

In den „Röhren" des postmodernen Gebäudes (1992 erbaut) werden Kunstwerke aus Eisen und Stahl präsentiert. Geschickt hat Gottfried Böhm den Eingangsturm des ehemaligen Schlosses in die moderne Architektur integriert. Der Kölner hatte bereits das Gebäude der Deutschen Bank in der Hauptstadt geplant. Im großen Glaskomplex residiert der Stahlkonzern Arcelor Mittal.
Rue de Luxembourg
Mo-Fr 14-16 Uhr

Rathaus

Im Dachgiebel halten die Grubenarbeiter das Stadtwappen (ehemaliger Stadtturm), rechts davon sind die Industrieschlote und links der erwirtschaftete Wohlstand symbolisch dargestellt. Die acht Flachreliefs versinnbildlichen noch einmal die verschiedenen Berufssparten: Das Gebäude (1935-1937) repräsentiert den einstigen Aufschwung der Stadt nicht nur durch seine Größe.

(B 8) Pétange

Industrie- und Eisenbahnpark

Es liegt noch eine Ahnung der Betriebsamkeit der frühen Tage über dem Gelände mit seinen vielen Gleisen, Werkstatt- und Wirtschaftsgebäuden. Rund ein Dutzend alter Dampfloks in verschiedenen Stufen des Verfalls verstecken sich unter wucherndem Buschwerk und rosten ihrem endgültigem Aus entgegen. Engagierte Eisenbahnfans haben jedoch einige Loks erneut unter Dampf gesetzt. Jetzt rumpeln Oldtimer um den Titelberg von Pétange bis zum Heimatbahnhof Fond-de-Gras und wieder zurück.
Martina Kneip, Coordinateur Général, 1, Place du Marché L-4756 Pétange
Tel. 26 50 41-24
www.fond-de-gras.lu
www.train1900.lu
Fahrten von Mai-Ende Sept. mehrmals an So und Feiertagen. Dauer: zwischen 1 und 1 1/2 Std.

MERIAN | SEEFAHRT

Römisches Mosaik

Für Besucher von Remich lohnt ein kleiner Ausflug nach Deutschland. Jenseits der Mosel wurde im Weinort Nennig das größte römische Fußbodenmosaik nördlich der Alpen freigelegt. Es zierte die Empfangshalle eines vornehmen Moselpalastes mit einer 140 m langen Fassade. Die acht Bildmedaillons zeigen Kampfszenen aus einer Arena. Das jetzige Gebäude mit der Empore ist eine Rekonstruktion der Wohnanlage.
(F 8) Nennig
2 km von Remich
Apr.-Ende Sept. 8.30-12 und 13-18 Uhr, sonst 13-16 Uhr

Auf Leben und Tod: Gladiatoren in Nennig an der Mosel

(C/D 9) Rumelange

Grubenmuseum (Musée National des Mines)

In bewundernswerter Eigeninitiative haben ehemalige Bergarbeiter „ihren" Stollen in ein Museum verwandelt. Die Führer, darunter einige pensionierte Kumpel, erläutern dem Besucher die verschiedenen Maschinen und Techniken. Feste Schuhe und ein warmer Pullover sind bei 12 °C auch im Hochsommer notwendig. Deutschsprachige Führung.
Ausstellung in der Empfangshalle, Ostern bis Okt. tgl. 14-17 Uhr

Ballonfahren über Land: Parade der aufgeblasenen Überflieger

MERIAN | TIPP

Wandern im Süden

Auch das „Land der roten Erde" ist ein interessantes Wanderrevier. Ausgangspunkt ist die alte Stahlstadt **Dudelange (D 9)** mit ihren 18 000 Einwohnern. Der beschilderte Weg führt vom Bahnhof aus links über die Rue Gare-Usines an den grünen Westrand des Stadtteils Usines, bis der Naturlehrpfad Haardt-Hesselsbierg-Staebierg erreicht wird. Ab hier weist das Symbol eines **roten Schmetterlings** den Weg, der mit Schautafeln die Sehenswürdigkeiten der Natur erklärt. Immerhin gibt es hier sogar Orchideen. Der Wanderweg führt vorbei an einer einstigen Mineneinfahrt und überwucherten Schlackehalden in einer großen Schleife über den Gaalgebierg, von man die weitläufige Stadt und den kleinen Ort Tétange überschaut. (Ab der Steilwand markieren blaue Schmetterlinge den Weg.) Dann geht es nach Süden steil bergan, auf den Kalebierg und immer an der Grenze zu Frankreich entlang. Wo die Straße quert, besteht die Möglichkeit direkt nach Rumelange zu laufen, doch ein kleiner Schlenker führt durch ein Arboretum. Zur Renaturierung des ehemaligen Tagebaugebietes wurden hier viele Bäume und Sträucher aus der ganzen Welt angepflanzt. Der Lehrpfad endet beim Fußball- und Tennisfeld und führt über die Rue St-Joseph zum Bahnhof von Rumelange.
Länge: 14,2 km, Wanderzeit 4-5 Stunden. Zwei starke Steigungen, sonst angenehm zu laufen.

Bahn und Wandern – Luxemburg in Ringbuchformat. 40 Faltblätter mit Übersichtskarte, Bahnstrecke und topografischen Karten. Auf den einzelnen Blättern sind die Touren sehr kurz beschrieben (deutsch, französisch, englisch). Erhältlich in den ONT-Büros.

IM GANZEN LAND

Angeln
An den vielen Fischweihern ist das Angeln nach Entrichten einer Gebühr ohne große Bürokratie möglich. Für die Grenz- und Binnengewässer bestehen jedoch strenge Auflagen.
www.eau.etat.lu

Baden
Ja, man kann in Luxemburg auch Strandurlaub machen: Zu empfehlen sind die meist künstlichen Seen, etwa ganz im Norden bei Weiswampach **(D 1)**. Außerdem bieten sich die Obersauer-Talsperre bei Esch-sur-Sûre **(B/C 4)**, der Nonnensee in Echternach **(F/G 5)** und der Stausee bei Rosport **(G 5)** an. Auch der Unterlauf der Sauer hat schöne Badestellen.

ARDENNEN

Tauchen
Am Obersauer-Stausee, in Lultzhausen **(C 4)**, hat der Sub Aqua Club seine Basis. Hier dürfen auch Gäste tauchen.

Surfen
Luxemburg ist zwar kein Surfparadies für Profis, doch wer nicht zu den Cracks gehört, kann seine Ausrüstung ruhig mitnehmen. Bevorzugt wird die Obersauer-Talsperre bei Esch-sur-Sûre **(C 4)**, wobei durch die Lage mit Windschärungen gerechnet werden muss. Weitere Möglichkeiten bei Echternach **(F/G 5)**, Remerschen **(F 9)** und Weiswampach **(D 1)** im Norden.

Mountainbiking
Der Norden Luxemburgs ist ein Dorado für Mountainbiker. 15 Strecken mit einer Gesamtlänge von 300 km wurden in den hügeligen Ardennen angelegt. Die üppige Vegetation, dichte Wälder und tiefe Täler eignen sich geradezu ideal für die Touren, die zwischen zehn bis 40km lang sind. Von familienfreundlich bis extrem ist jeder Schwierigkeitsgrad vertreten. Für Kinder gibt es sogar eigene Routen. Ausführliche Beschreibung mit Karte in „Mountain Bike Touren Luxemburg Ardennen", erhältlich in Buchhandlungen und den Fremdenverkehrsämtern.

MÜLLERTHAL

Klettern
Selbst Sportklettern ist in Luxemburg möglich, wenn auch auf die Sandsteinfelsen der Kleinen Luxemburger Schweiz in Berdorf **(F 5)** beschränkt. Die Schwierigkeitsstufen der gut abgesicherten Touren werden nach französischer Skala bewertet und reichen von 3 bis 8b. Das Klettergebiet ist durch gelbe Striche zu beiden Seiten begrenzt. Zudem sind an verschiedenen Stellen Kletterwände installiert.
www.flera.lu

Ballonfahren
Junglinster **(E 6)** hat sich in Luxemburg zum Stützpunkt der Ballonfahrer entwickelt. Gutes Wetter, d. h. ein ruhiges Lüftchen, ist die wichtigste Voraussetzung, deshalb beginnen die Fahrten im Sommer vor Sonnenaufgang oder abends, wenn sich die Thermik wieder gelegt hat. Im Winter werden Fahrten auch tagsüber veranstaltet. Mit eingespielten Handgriffen wird die Ballonhülle ausgerollt, mit Luft gefüllt und durch den Brenner erwärmt. Dann müssen die Passagiere hurtig in den Korb klettern und los geht die Fahrt. Die Richtung, aber auch die Entfernung der gut einstündigen Fahrt bestimmt allein der Wind. Mit An- und Abfahrt ist etwa mit einem halben Tag zu rechnen. Anruf und Terminabsprache mit
SkyLines, Tel. 78 90 75
www.m-m-ballooning.lu

MOSEL

Motorboot und Wasserski
Für diese Wassersportarten kommt der 40 km lange Abschnitt der Mosel in Betracht (Achtung Berufsschifffahrt) und die Sauer bei Rosport **(G 5)**. Wasserskifahrer müssen die entsprechenden Sicherheitsmaßnahmen beachten.
www.flv.lu, www.wasserski.lu

Wandern
Mit 5000 Kilometern bietet Luxemburg das dichteste Wanderwegenetz der Welt. Die attraktivsten Wandergebiete liegen im Norden und Osten Luxemburgs. Es sind die Mittelgebirgslandschaften der Ardennenausläufer mit dem Obersauer Naturpark **(B/C 4)**, dem Our-Naturpark **(C/D 1/2)** und die Kleine Luxemburger Schweiz **(F 5)**. Zusätzlich zu den gut beschilderten regionalen Wanderwegen verbinden die JH-Pfade alle Jugendherbergen miteinander. Für Urlauber, die abends auf ein gepflegtes Dinner und ein bequemes Bett nicht verzichten wollen, haben sich einige Hoteliers im Gebiet der Obersauer zusammengeschlossen und verschiedene Routen ausgearbeitet. Gepäcktransport von Hotel zu Hotel als Sonderservice.
Hotelvereinigung Obersauer
Postfach 94, 9001 Ettelbruck
Tel. 99 00 20
www.naturpark-our.lu
www.naturpark-sure.lu
www.mullerthal.lu

Die Lettern (L 3) beziehen sich auf die MERIAN-Karte auf S. 131

Vorhang auf für das Art Café im Hof des Kapuzinertheaters

Luxemburg Stadt

(c 2) **Am Tiirmchen**
Urgemütliches Restaurant in der Altstadt, das sich durch französisch-luxemburgische Küche auszeichnet.
32, Rue de l Eau
Tel. 26 27 07 33
Sa, So geschl. €€

(c 2) **Le Bouquet Garni St-Michel**
Der angenehme Rahmen, guter Service und die von den Michelinexperten ausgezeichnete Küche sind Gründe genug, sich hier niederzulassen.
32, Rue de l Eau
Tel. 26 20 06 20 €€€€

(b 2) **Art Café**
Im Innenhof des Kapuzinertheaters mitten in der Altstadt, Möbel und Dekoration stammen aus der Welt der Bühne. Terrasse, auch geeignet für Festlichkeiten.
1a, Rue Beaumont
Tel. 26 27 06 52
Mo-Fr 8-22, Sa 9-22 Uhr
So 14-22 Uhr €€

(b/c 2) **Brasserie Guillaume**
Besticht durch eine große Auswahl an Meeresfrüchten, Spezialität sind Carpaccios. Sehr schön speist man im Freien auf dem autofreien Platz.
14, Place Guillaume II
Tel. 26 20 20 20
www.brasserieguillaume.lu
€€€

(c 2) **Breedewee**
Von den Plätzen auf der Stadtmauer bietet sich ein schöner Blick auf die Unterstadt.
9, Rue Large, Tel. 22 26 96
www.breedewee.com €€€

(c 2) **Chiggeri**
Eingerichtet in einem klassischen Altstadthaus mit viel Atmosphäre Sehr beliebt bei jungen Leuten ist die preiswerte Brasserie unten. Oben anspruchsvolle Küche. Der Name des Lokals ist übrigens luxemburgisch und bedeutet so viel wie „beschwipst".
15, Rue du Nord, Tel. 22 99 36
www.chiggeri.lu
tgl. geöffnet €€€

(c 3) **Clairefontaine**
Politiker, Diplomaten und die Finanz-Elite sind die Kunden des Spitzenrestaurants. Die Küche wurde mit einem Michelinstern ausgezeichnet.
9, Pl. de Clairefontaine
Tel. 46 22 11 *Di-So 10-18*
Do bis 20 Uhr €€€€

(d 3) **Kamakura**
Gute Adresse, um japanisch zu essen. Das Speiseangebot ist besonders, das Ambiente ungewöhnlich und die Art zu sitzen auch.
4, Rue Münster, Tel. 47 06 04
www.kamakura.lu
Sa-Mittag und So geschl. €€

(e 2) **Mansfeld**
Untergebracht in der alten Brauerei, schöne Terrasse. Luxemburgische Küche.
3, Rue de la Tour Jacob (Unterstadt Clausen), Tel. 43 34 86
Mo geschl. €€€

(a 4) **Mercedes Café**
Jan Schneidewind, der Spitzenkoch hat ein ungewöhnliches Ambiente für sein Restaurant gefunden: die Verkaufsausstellung von Mercedes. Dieser Show Room zieht das sicher passende Publikum für das Restaurant des gebürtigen Westfalen an.
45, Rue de Bouillon
Tel. 40 80 17 90
www.schneidewind.lu
mittags geöffnet €€

(c 3) **Mesa Verde**
Die Küche des vegetarischen Restaurants ist vorzüglich, die Portionen sind reichlich. Hier isst das Auge mit.
11, Rue du St-Esprit
Tel. 46 41 26
So und Mo geschl. €€

(d 3) **Mosconi**
Vom Schlemmerführer Michelin ausgezeichneter Italiener, und zwar gleich mit zwei Sternen.
13, Rue Münster, Tel. 54 69 94
Geschlossen: So, Sa Mittag
Mo geschl. €€€€

(b 2) **Namur**
Die älteste Konditorei mit ihren köstlichen Verführungen wird bevorzugt von älteren Herrschaften aufgesucht. Kalte Gerichte.
Rue des Capucins, Tel. 22 34 08
So geschlossen €

(b 2) **Oberweis**
Eine der besten Konditoreien der Stadt. Im Sommer wird auch in der Fußgängerzone neben dem Brunnen serviert. Die Trüffeln sollte man probiert haben. Es gibt auch leckere Mittagsgerichte.
19, Grand-Rue, Tel. 47 07 03
www.oberweis.lu
So geschlossen €

(e 2) **Um Plateau**
Nahe beim Bockfelsen gelegen mit Plätzen im Garten. Hier sind die Salate und Gratins zu empfehlen.
6, Plateau Altmünster
Tel. 46 23 37
So und Mo nur abends €€

Am Abend in der Altstadt
In der Altstadt (**Rue de la Boucherie**) trifft man sich im Urban Cafe gern auf ein Bier, im Sommer werden Tische und Stühle auch in die Fußgängerstraße gestellt. Jeden Mittwochabend und am Freitag/Samstag gibt es viele Gründe, in den Grund oder nach **Clausen** zu gehen: gemütliche Biergärten, luftige Restaurantterrassen, gute Musik und viele Menschen. Aus dem Arbeiterviertel ist der Treffpunkt für Kneipengänger geworden. Gleich neben dem Aufzug links befindet sich das traditionelle Café des Artistes (**2, Montée du Grund**), beliebt bei der mittleren Generation. Bei der Brücke am Eck ist das Scott's Pub in the Grund (**4, Bisserweg**) von der Bedienung bis zum Dartspiel durch und durch englisch. In der anderen Richtung sollten Sie sich bis zur **Rue de la Tour Jacob** vorkämpfen. Hier finden Sie das legendäre Melusina mit Restaurant und Kneipe nicht weit entfernt und die Brasserie Mansfeld mit Biergarten vor der Tür.

Preiskategorien

Alle Adressen im Info-Magazin sind MERIAN-Empfehlungen. Preiskategorien Restaurants: Der Preis für ein Hauptgericht liegt bei:
€ unter 20 €, €€ 20-35 €
€€€ 35-60 €
€€€€ über 60 €

Fröhlich und entspannt: Sommerabend in der Luxemburger Altstadt

MERIAN | WEINE

Mosel-Champagner

Beste Qualitäten von Luxemburger Winzern

Wenn Sie einen Qualitätsschaumwein mit der Aufschrift **Crémant de Luxembourg** und **Marque Nationale – Appellation Contrôlée** entkorken, können Sie sicher sein, einen echten Luxemburger zu verkosten. Er ist mindestens neun Monate in der Flasche gereift. Die Trauben der erlesensten Rebsorten wurden behutsam gepflückt, transportiert, schonend gekeltert und der Wein nach der Champagnermethode einer zweiten Gärung ausgesetzt. Die Winzer sind stolz auf dieses neueste Erzeugnis. Durch die Nase streicht das zarte Aroma und feine Bukett, wenn der Schaum sich nach der Entkorkung entfaltet. Auf dem renommierten Brüsseler Weinwettbewerb **Concours Mondial** wurde 2006 der Luxemburger zum zweiten Mal in Folge als bester **Sparkling Wine** ausgezeichnet. 20 Gold- und 9 Silbermedaillen errangen die Luxemburger Winzer beim 16. Concours des Crémants de France et de Luxembourg. 41 Luxemburger Kreszenzen sind im **Guide Hachette des Vins 2007** vertreten. Schon aus der römischen Zeit stammt der Eibling, eine Rebsorte, die wegen des leichten frischen Geschmacks geschätzt wird. In der Gastronomie sind luxemburgische Qualitätsweißweine gefragt. Auf 42 Kilometern an der Mosel betreiben etwa fünfzig Familien heute noch Weinbau. Sie sind in der Berufsgenossenschaft Unabhängiger Winzer (O.P.V.I.) vereint.

Weinlese im südluxemburgischen Moselweiler Wellenstein

Die Luxemburger Weine werden aus neun Rebsorten gekeltert. Der Riesling gilt mit seiner Frische und dem fruchtigen Bukett als **Krönung der Weine**. Das Gütezeichen **Marque Nationale du Vin Luxemburgeois** bürgt für Reinheit und hohe Qualität. Die Bezeichnung **Marque nationale – Appellation contrôlée** erhalten Weine erst nach Prüfung eines staatlichen Weinbauinstitutes passieren. Weine einer höheren Qualität sind mit den Prädikaten **Vin Classé**, **Premier Cru** oder **Grand Premier Cru** versehen.

Am Abend im Stadtteil Gare

Um den Bahnhof und an der angrenzenden Rue de Hollerich sind die In-Lokale zu finden. **Marx Café, Light Bar,** das **Congo** mit leichter Küche, Pitta und Salaten. Das **Atelier** ist zudem bekannt für seine Rock- und Popkonzerte.
In der nahen Rue de l'Aciérie (Nr. 18) hat sich das Szenerestaurant **Cat Club** etabliert. Hypermodern mit bunten Lichtern, mit Lounge-Restaurant im Erdgeschoss und thailändischer Küche im Obergeschoss (Tel. 40 08 15 69; www.catclub.lu). Allzu früh brauchen Sie sich nicht auf den Weg zu machen. In den Kneipen ist erst gegen 22 Uhr so richtig was los. Sperrstunde ist morgens um 1 Uhr, für Discos um 3 Uhr.

ARDENNEN

(C/D 2) Clervaux

Hotel-Restaurant International
Modernes Ambiente im Speiseraum, die vorzügliche Küche ist weit über die Grenzen von Clervaux hinaus bekannt.
10, Grand-Rue, Tel. 92 93 91
€€€

Manoir Kasselslay
In dem Dorf Roder (5 Kilometer östlich Clervaux) wird so gut gekocht, dass der Schlemmerführer Michelin das Restaurant mit einem Stern versah.
Maison 21, Roder
Tel. 95 84 71, www.kasselslay.lu
Mo und Di geschl. €€€

Cornelyshaff
Viel mehr als nur ein Restaurant. In dem einstigen Hof werden Produkte aus der Region angeboten und in der Küche zu traditionellen, bodenständigen Gerichten verarbeitet. Zudem können Sie während des Essens zuschauen, wie Bier gebraut wird.
Heinerscheid
10 km nördlich von Clervaux
Tel. 92 17 45-1
www.robbesscheier.lu
tgl. außer Mo 10-1 Uhr
€€

(E 4) Vianden

Restaurant Oranienburg
Lassen Sie sich in dem Hotelrestaurant von Jean-Paul Hoffmann verwöhnen. Er gehört zu den Spitzenköchen des Landes.
126, Grand-Rue
Tel. 83 41 53-1 €€€

MÜLLERTHAL

(E 6) Bourglinster

Châteaurestaurant La Distillerie
Die gediegenen Räumlichkeiten der Burg in Bourglinster werden gern für Bankette und Konferenzen genutzt. Das mittelalterliche Ambiente im Restaurant eignet sich aber auch für ein Diner im kleinen Rahmen. Die exquisite Küche ist weit über die Landesgrenzen hinaus bekannt. Weinkenner haben bei dem großen Sortiment die Qual der Wahl (nur abends geöffnet). In der Taverne, der Schankwirtschaft des Schlosses, werden auch mittags kleine Gerichte wie Ardennenschinken serviert.
8, Rue du Château
Tel. 78 78 78-1
Restaurant: Mi bis Sa abends, So mittags; Taverne Mi bis So mittags und abends

(F/G 5) **Echternach**

Restaurant Presidence im Hotel Eden au Lac
Wenn Sie bereit sind, einiges für ein Abendessen auszugeben, können Sie in dem Hotelrestaurant ein Buffet mit allen erdenklichen Köstlichkeiten genießen. Allein die Präsentation der warmen und kalten Speisen ist eine Augenweide. Jeden Samstagabend wird aufgetischt, an warmen Tagen auf der Terrasse. Bei voller Belegung des Hotels kann es für auswärtige Gäste manchmal eng werden. Telefonische Nachfrage ist deshalb ratsam.
Oam Nonnesees
Tel. 72 82 83, www.edenaulac.lu
€€€

MOSEL

(G 7) **Grevenmacher**

Princesse Marie-Astrid
Auf dem eleganten Ausflugsschiff werden Schlemmerfahrten angeboten, dabei fährt das Boot bis hinunter nach Schengen und zurück. Sie können aber auch mitfahren und nur ein Glas trinken. Eine sehr schöne Möglichkeit ist die Kombination mit dem Wäistrooss Bus, einem Linienbus, der im Sommer eigens am Wochenende auf der Strecke Mondorf-les-Bains, Schengen und Wasserbillig eingesetzt wird. So können Sie in jeder Richtung die Mosel ohne Autostress genießen.
www.moselle-tourist.lu
weitere Informationen über das Schiff beim Verkehrsverein

(E/F 9) **Mondorf-les-Bains**

Le Parc
Vom Fünf-Gänge-Menü bis zur kalorienreduzierten Kost reicht das Angebot der kreativen Köche. Angerichtet wird in einem elegant-modernen Rahmen.
Av. Dr. Feltgen, Tel. 236 66-0
€€€

Les Roses
Die Küche von Peter Körner wurde vom Restaurantführer Michelin mit einem Stern versehen – zu Recht.
Im Casino 2000
Rue Th. Flammang
Tel. 26 67 81 €€€€

(F 8) **Remich**

Pavillon St-Martin
Auf der schönsten Terrasse weit und breit sitzen Sie trotz der nahe gelegenen Straße sehr angenehm mit Moselblick. Gepflegter Speiseraum, gute Küche. Spezialität in Remich sind die frittierten Moselfische.
53, Rue de Stadtbredimus
Tel. 23 66 91 02
www.pavillonstmartin.com.
€€€

LAND DER ROTEN ERDE

(C 9) **Esch-sur-Alzette**

Fridrici
Die kulinarischen Meisterleistungen dieses von Michelin mit einem Stern bedachten Hauses wurden bereits mehrfach prämiert.
116, Route de Belvaux
Tel. 55 80 94
Di geschl. €€€€

Ristorante Favaro
In dem ausgezeichneten Restaurant werden erstklassige italienische Gerichte angeboten. Mit einem Michelinstern ausgezeichnet.
19, Rue des Remparts
Tel. 54 27 23
Sa Mittag, So abends und Mo geschl. €€€€

Namur
Hinter dem klangvollen Namen verbirgt sich die beste Konditorei der Stadt. Verführerische Köstlichkeiten und kleine Gerichte.
74, Rue de l'Alzette
Tel. 54 17 78
So geschlossen

(E 9) **Frisange**

Lea Linster Cuisinière
Wer billig essen gehen will, ist bei Lea Linster, die in dem kleinen Ort eines der besten Restaurants im Lande betreibt, an der falschen Adresse. Sie verwendet nur beste Ware und verarbeitet sie mit außerordentlichem Können. 1989 gewann Lea Linster in Lyon den »Goldenen Bocuse«, den Oskar der Gastronomie.
17, Route de Luxembourg
Tel. 66 84 11
Mo und Di geschl. €€€€

MERIAN | TIPP

Bouneschlupp

von Lea Linster, Frisange
Zutaten für 8 Personen:
1kg grüne Bohnen, nicht zu reif
200 g Knollensellerie
3-4 Kartoffeln (300g)
2 mittelgrosse Zwiebeln
1 dünne Lauchstange
Meersalz, 50 g Butter, 2 EL Mehl
Pfeffer, 150 g Crème fraîche

Zubereitung:
Bohnen, Sellerie und Kartoffeln in 1 cm große Stücke schneiden. Kartoffelstücke in kaltes Wasser legen. Zwiebel schälen, halbieren, waschen, trockenschütteln und in knapp 1 cm breite Stücke schneiden. Alles außer den Kartoffeln in einen Topf geben, mit 2 l Wasser aufgießen, leicht salzen und 15-20 Minuten köcheln lassen. Kartoffeln dazugeben und weiter kochen, bis sie gar sind.
Butter im Suppentopf schmelzen lassen, Mehl dazu geben, mit einem Schneebesen glatt rühren und bei milder Hitze einige Minuten ohne Farbe anschwitzen lassen. Nach und nach so viel warmen Gemüsesud unter Rühren auf die Mehlschwitze schöpfen, bis eine sämige Sauce entstanden ist. Kurz köcheln lassen, durch ein Sieb gießen und zum Gemüse geben. Alles vermischen und erhitzen.
Die Suppe mit Salz und Pfeffer abschmecken und in vorgewärmte Suppenteller füllen. Mit je einem guten TL Crème fraîche pro Teller servieren.
Dazu reicht Frau Linster am liebsten separat gekochten durchwachsenen Speck und Luxemburger Kochwürste

Schön gediegen: die Lobby des Grand Hotel Cravat in der Stadt Luxemburg

MERIAN | HOTELWELT

Stadt und Land

In Luxemburg bedeutet Hotelurlaub Wohlfühlen

2900 Hotelzimmer gibt es in der Stadt Luxemburg, 8900 im ganzen Land. Viele davon gehören zu Familienbetrieben, in denen sich der Gast schnell zu Hause fühlt. Ausnahme sind einige Hotels in der Hauptstadt, die mit ihren großen Kongressen, Tagungen des Europaparlamentes etc. kurzfristig auf eine große Bettenkapazität zurückgreifen muss.
Neben den eleganten, modernen Häusern der neuen Generation sind jene Hotels landestypisch, die in einer der vielen alten stillgelegten Mühlen eingerichtet wurden, wie das **Vieux Moulin** in Asselborn.

Typisch für die luxuriösen, aber dennoch heimeligen Hotels des Landes: das „Hotel de la Gaichel" in Gaichel-Eischen

Fast alle Hotels betreiben Restaurants, in dem nicht selten hohe Kochkunst zelebriert wird, auch wenn der Küchenchef nicht immer zum Kreis der Stars zählt. Frühstück ist meist im Preis inbegriffen. Zur Sommersaison senken einige Großhotels ihre Übernachtungspreise bis zur Hälfte.
Wer sich ausführlich informieren möchte, sollte sich die Broschüre „Hotels und Restaurants" mit Adressen, Telefonnummern und Preisen vom **Office National de Tourisme** schicken lassen.
Für einen Urlaub mit der ganzen Familie ist eine Ferienwohnung günstig und zu empfehlen. Die Broschüre „Ferien auf dem Lande" fasst Wohnungen aller Kategorien zusammen, ausschlaggebend ist deren reizvolle ländliche Umgebung .

Weitere Auskünfte Office National de Tourisme (ONT)
L-1010 Luxembourg, Tel. 428 28 21, info@visitluxembourg.lu
www.visitluxembourg.lu/hebe-de.htm

Luxemburg Stadt

(a 3) **Albert 1er**
Kleines und luxuriöses Haus im Herzen der Stadt. Zimmer mit Charme.
2A, Rue Albert 1er
Tel. 442 44 21, Fax 44 74 41
www.albert1er.lu
14 Zimmer €€€

(c 2) **Casanova**
Zentral und ruhig im Herzen der City, mit Blick auf die Place Guillaume.
10, Place Guillaume
Tel. 22 04 93, Fax 22 04 96
www.hotelcasanova.lu
17 Zimmer €€

(a 6) **Le Châtelet**
Eckhaus liegt nahe dem Bahnhof. Gutes Drei-Sterne-Hotel.
2, Bd. de la Pétrusse
Tel. 40 21 01, Fax 40 36 66
www.chatelet.lu
42 Zimmer €€

(c 6) **City Hotel**
Hinter der traditionellen Fassade verbirgt sich ein gediegenes Vier-Sterne-Hotel. Ein Zimmer origineller als das andere.
1, Rue de Strasbourg
Tel. 29 11 22, Fax 29 11 33
www.cityhotel.lu
35 Zimmer €€

(c 3) **Grand Hotel Cravat**
Eines der ruhigsten und luxuriösesten Konferenzhotels, mit Blick über das Petruß-Tal.
29, Boulevard F. D. Roosevelt
Tel. 22 19 75, Fax 22 67 11
www.hotelcravat.lu
60 Zimmer €€€

(b/c 1) **Hostellerie du Grunewald**
Antiquitäten geben dem Haus eine romantische Note.
10, Route d'Echternach
Tel. / Fax 42 06 46
www.hotel-romantik.lu
26 Zimmer €€

(c 6) **Mercure Grand Hôtel Alfa**
Hinter der Fassade im Stil der 20er Jahre verbirgt sich ein modernes, komfortables Hotel.
16, Place de la Gare
Tel. 490 01 11, Fax 49 00 09
www.accorhotels.com/lu
141 Zimmer €€

(c/d 2) **Parc Beaux-Arts**
Eines der besten Hotels der Stadt, sehr zentral, moderne Ausstattung.
1, Rue Sigefroi, Tel. 268 67 61
Fax 26 86 76 36
www.goeres-group.com
10 Zimmer €€€€

(a 3) **Parc Belair**
In dem gut geführten Vier-Sterne-Haus sollte man sich ein Zimmer zum ruhigen Park geben lassen. Vom Wohngebiet Belair ist das Zentrum gut zu erreichen.
109, Av. du X. Septembre
Tel. 442 32 31, Fax 44 44 84
www.goeres-group.com
52 Zimmer €€€

(a 2) **Sieweburen**
Kleines Hotel im Landhausstil in sehr grüner Lage am Rand der Stadt.
36, Rue des Septfontaines
Tel. 44 23 56, Fax 44 23 53
14 Zimmer €€

(e 1) **Sofitel**
Glasverkleideter Komplex mit futuristischer Architektur: Das passt gut ins Europazentrum Kirchberg.

Die Lettern (L 3) beziehen sich auf die MERIAN-Karte auf S. 131

6, Rue du Fort Niedergrünewald
Tel. 42 50 91, Fax 42 50 91
www.sofitel.com
104 Zimmer €€€

(B/C 6) Gaichel

Hotel de la Gaichel
Behagliches Haus mit Antiquitäten, Mitglied der Kette „Relais & Châteaux". Ein prächtiger Garten mit Terrasse, Erstklassige Küche.
Maison 5, Tel. 39 01 29
Fax 39 00 37, www.lagaichel.lu
12 Zimmer €€

ARDENNEN

(C 2) Asselborn

Domaine du Moulin
Eines der typischen Mühlenhotels in einem mächtigen alten Bau mit Museum.
Maison 158, Tel. 99 86 16
Fax 99 86 17, moulinas@pt.lu
www.hotelvieuxmoulin.lu
15 Zimmer €€

(C/D 2) Clervaux

Hotel du Commerce
Zentral gelegenen mit recht großen Wohlfühlangebot: Wellness, Hallen-Schwimmbad mit Gegenstromanlage, Sauna etc. Ruhige Gartenterrasse auf der Rückseite.
2, Rue de Marnach
Tel. 92 10 32, Fax 92 91 08
www.hotelducommerce.lu
50 Zimmer €€

Hotel-Restaurant du Parc
Einst war dies ein gräfliches Lustschlösschen. Sowohl das Ambiente mit Stuckdecke und offenem Kamin, den das Wappen der Grafen ziert, als auch die Küche stimmen.
2, Rue du Parc, Tel. 92 06 50
Fax 92 10 68
www.hotelduparc.lu
7 Zimmer €

(D 4/5) Erpeldange

Dahm
Das Vier-Sterne-Hotel mit modernisierten Zimmern und Garten bietet als Service „Wandern ohne Gepäck": Die Koffer werden zum nächsten Hotel gefahren.
57, Rue Porte des Ardennes
Tel. 816 25 51
Fax 816 25 52 10
www.hotel-dahm.com
www.ardennes-hotels.lu
25 Zimmer €€

(C 4) Esch-sur-Sûre

Hotel de la Sûre
Beste Lage hoch oben im Dorf. Auf der Sonderkarte „Gourmet vum sei" werden Produkte der regionalen Landwirtschaft angeboten.
1, Rue du Pont
Tel. 83 91 10, Fax 89 91 01
www.hotel-de-la-sure.lu
24 Zimmer €€

(E 4) Vianden

Auberge du Château
Gutes Mittelklassehotel, herrliche Terrasse am Hang. Im rustikalen Speiseraum werden köstliche Gerichte serviert.
74, Grand-Rue
Tel. 83 45 74, Fax 83 47 20
www.auberge-du-chauteau.lu
25 Zimmer €

(C 3) Wiltz

Aux Anciennes Tanneries
Drei-Sterne-Hotel mit vorzüglicher französische Küche in der ehemaligen Gerberei.
42A, Rue Jos Simon
Tel. 95 75 99, Fax 95 75 95
www.auxanciennestanneries.com
18 Zimmer €€

MÜLLERTHAL

(F/G 5) Echternach

Bel-Air
Spitzenhotel mit schönem Park und angenehmen Zimmern. Ausgezeichnete Küche und Hallenbad.
1, Route de Berdorf
Tel. 72 93 83, Fax 72 86 94
www.belair-hotel.lu
39 Zimmer €€

Hotel Le Bisdorff
Abseits im Grünen liegt diese ruhige Oase. Sylvie Bisdorff führt hier ein Spitzenrestaurant (siehe Essen und Trinken).
39, Rue Heisbich
Tel. 79 02 08, Fax 79 06 29
www.hotel-bisdorff.lu
26 Zimmer €

MOSEL

(F 7/8) Ehnen

Simmer
Wunderschönes Haus aus dem letzten Jahrhundert mit modernem Anbau.
117, Route du Vin
Tel. 76 00 30, Fax 76 03 06
www.hotel-simmer.lu
15 Zimmer €

(E/F 9) Mondorf-les-Bains

Domaine Thermal de Mondorf
Wer sich auf Baden, Saunen, Fitness etc. eingestellt hat, ist in diesem Vier-Sterne-Hotel bestens aufgehoben.
Av. des Bains
Tel. 23 66 60, Fax 236 6 10 93
www.mondorf.lu
134 Zimmer €€

Du Grand Chef
Ein Vier-Sterne-Hotel mit dem Charme vergangener Tage. Ruhig gelegen mit schönem Park.
36, Av. des Bains
Tel. 23 66 80 12
Fax 23 66 15 10
www.grandchef.lu
40 Zimmer €€

(F 8) Remich

Des Vignes
Modernes Vier-Sterne-Hotel, mit Blick auf die Weinberge.
29, Route de Mondorf
Tel. 23 69 91 49
Fax 23 69 84 63
www.hotel-vignes.lu
24 Zimmer €€

(F 7) Wormeldange

Auberge Koeppchen
Kleiner Familienbetrieb in Wormeldange-Haute.
Einige Zimmer mit Moselblick.
Bekannt für seine gute traditionelle Küche zu günstigen Preisen.
9, Berreggaass
Tel. 760 04 61, Fax 76 83 04
5 Zimmer €

Preiskategorien

Alle Adressen im Info-Magazin sind MERIAN-Empfehlungen. Preiskategorien Hotels: Der Preis für ein Doppelzimmer mit Frühstück liegt bei:
€ unter 100 €, €€ 100-180 €
€€€ 180-260 €
€€€€ über 260 €

Selten besucht, aber sehenswert: der Stadtteil Gare mit seinen Art-déco-Bauten

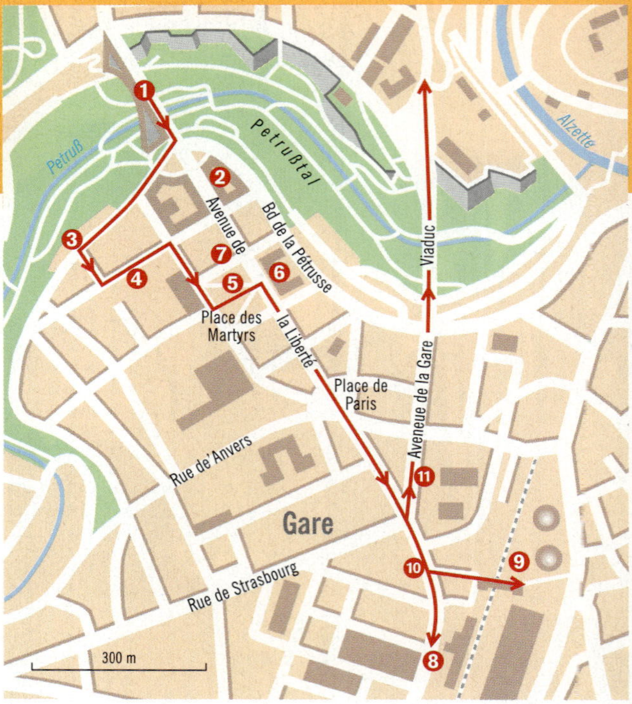

MERIAN | STADTSPAZIERGANG

Jenseits der Schlucht

Der Rundgang durch die Stadt beginnt auf der historischen **Adolphsbrücke (Pont Adolphe)** ❶, die seit 1903 die City mit dem Bahnhofsviertel verbindet. Von der Brücke, 46 Meter über dem grünen Graben, haben Sie den besten Blick auf die City zur Linken und den Stadtteil Gare zur Rechten. Auffallend die beiden Uhrtürme: der eine vorn auf dem wuchtigen Gebäude der **Sparkassenverwaltung** ❷ mit dem einzigen Bankenmuseum des Landes und der andere in der Ferne am Turm des Bahnhofs.
Die beiden Gebäude rechts und links des Boulevards sind vom Grundriss identisch. 1910 entstand damit am Brückenkopf ein repräsentatives Ensemble im Stil der französischen Frührenaissance, das als Pendant zur Altstadt geplant war. Schiffs- und Eisenbahnmotive erinnern heute noch daran, dass die „Kaiserlich-Deutsche Generaldirektion der Eisenbahn in Elsass-Lothringen" der Auftraggeber des rechten Gebäudekomplexes war. Heute gehört auch dieser Bau der Sparkasse. Was man nicht sehen kann, ist, dass ein unterirdischer Tunnel die beiden verbindet, in dem seit 1995 moderne Kunst und Fotografie gezeigt werden.
Der Rundgang führt rechts über den **Bv. de la Pétrusse** bis zum Ende des nächsten Blocks. Viele Häuser in dieser Straße stammen noch aus der Zeit vor dem Ersten Weltkrieg, was an der Vielfalt der Baustile, den Erkern, Türmchen, Giebeln und Balkonen abzulesen ist. Die **Villa Pauly** ❸ (Hausnummer 57), die an eine Trutzburg erinnert, ist ein besonders prächtiges Beispiel dafür. 1927 als Herrenhaus des Chirurgen Pauly errichtet, war sie 1940-44 Hauptquartier der Gestapo, seit 1989 steht der Bau unter Denkmalschutz. Folgen Sie gleich gegenüber der **Rue C. M. Spoo** zur nächsten Querstraße und biegen Sie links in die **Rue Goethe** ein. Dass dieses Stadtviertel Anfang des 20. Jahrhunderts locker bebaut war, sehen Sie an der **Villa Clivio** ❹, die seit den 60er Jahren des letzten Jahrhunderts durch umliegende „Neubauten" kaum noch zu sehen ist. Das einzigartige Juwel des Jugendstils baute sich 1908 der Architekt und Bauunternehmer Cesare Clivio.
Nach wenigen Schritten geht es rechts in die **Rue Ste. Zithe**, die schon bald auf die **Place des Martyrs** ❺ führt. Der Platz überrascht durch seine Rosen und niedrigen Buchsbaumhecken. Auf den Parkbänken mit Blick auf das monumentale Gebäude des Stahlkonzerns **ARBED** ❻ (heute ARCELOR) sonnen sich die Anwohner und in der Mittagszeit die Angestellten aus der Umgebung. Einen Kontrapunkt bildet die Skulptur von Henry Moore (1898 – 1986). Das markante **Eckgebäude** ❼ zur Linken mit mächtiger Kuppel über dem ausgebauten Dachgeschoss ließ der Unternehmer Achille Giorgetti 1926 als Wohn – und Geschäftsgebäude errichten.
Das **Bahnhofsgebäude** ❽ ersetzte 1907 eine Holzkonstruktion von 1858. Seit 1989 steht der gesamte Komplex unter Denkmalschutz. Wenn Sie äußerst links an den Bushaltestellen vorbeigehen, kommen Sie über eine Eisentreppe (Aufzug) und Brücke zur anderen Seite. Hoch über den Gleisen sind schon die beiden **Rotunden** ❾ zu sehen, die 1875 als Lokschuppen dienten. Der erste Rundbau gleich bei der Treppe wurde für das Kulturjahr 2007 grundlegend saniert. Am Bahnhofsvorplatz sehen Sie von der Brücke aus die ausladende Fassade des **Alfa Hotels** ❿, welches 1930 im Art-déco-Stil gehalten wurde.
Für den Rückweg bietet sich die Rue de la Gare mit ihren Geschäften an. Achten Sie beim Schaufensterbummel auf das **Haus Nr. 55** ⓫. Hier wurde 1931 das erste Kino mit Tonfilm und dem Streifen „Die Drei von der Tankstelle" eröffnet. Oberhalb der Doppelsäulen sind noch die Inschriften „Vox" und „Lux" zu sehen. Am Ende der Avenue können Sie entweder in die Gärten des Petruß-Tals nach Clausen oder Grund gehen oder über die Brücke **Viaduc** in die Altstadt, wo Sie bald auf den Fußgängerweg „Corniche" treffen.

Beginn des Rundgangs: die Adolphsbrücke über die Petruß

MERIAN-Straßenkarte
LUXEMBURG
Autobahn
Autobahnähnliche Straße
Fernverkehrsstraße
Hauptstraße
Nebenstraße
Fahrweg
Bundeslandgrenze
Schloss, Burg; Ruine
Kirche; Kloster
Höhle
Denkmal
Golfplatz
Flughafen; Flugplatz
Nationalparkgrenze
© MERIAN-Kartographie
0
5 km
N
BELGIEN
DEUTSCHLAND
LUXEMBURG
Ösling
Ardennen
Bastogne
Wiltz
Clervaux
Troisvierges
Diekirch
Ettelbrück
Echternach
Bitburg
Vianden
Esch-sur-Sûre
Bourscheid
Martelange
Houffalize
Bertogne
Fauvillers
Naturpark Our
Naturpark Obersauer
Lac de la Haute Sûre (Stausee Obersauer)
Kleine Luxemburger Schweiz
Müllerthal
Beaufort
Berdorf
Bollendorf
Neuerburg
Dasburg
Schumanns Eck
Lac de Chérapont
Étang de Fazone
Villa romaine

Stadt Luxemburg, auf und unter dem Felsen aus Richtung Osten

…me II ❹ Liebfrauen-Kathedrale
…inster ❽ Bockfelsen

Lëtzebuergesch Wort für Wort
Kauderwelsch Band 104
Joscha Remus, Reise Know-How, 144 S., 7,90 €.
Übersichtliches Bändchen zum schnellen Erlernen der Landessprache, mit vielen Redewendungen und Alltagssprache. Lëtzebuergesch ist erst seit 1984 Nationalsprache.

Marco Polo – Reiseführer Luxemburg
Wolfgang Felk, Mairdumont, 120 S., 8,95 €.
Der kompakte Reiseführer legt wenig Wert auf umfangreiche Hintergrundinfos, präsentiert dafür kurz und knackig eine Vielzahl von Hinweisen, Adressen und Insider-Tipps. Für Reisende mit viel Programm und wenig Zeit.

Monographies du Grande-Duché de Luxembourg
Editions Guy Binsfeld; deutsch, französisch, englisch, 320 S., 48 €.
Reich bebilderter Führer (500 Fotos) durch die Stadt und die vier touristischen Regionen. Beschreibung von Landschaft, Menschen, Kultur und Historie.

Sigismundus von Luxemburg – Ein Kaiser in Europa
Hrsg. Michael Pauly / François Reinert, Vlg. Philipp von Zabern, 376 S., 45 €.
Geballtes Wissen von Kunsthistorikern und Geschichtswissenschaftlern. 140 Farb- und 86 Schwarzweißfotos.

Sigismundus, Rex et Imperator – Kunst und Kultur zur Zeit Sigismunds von Luxemburg
Hrsg. Tahács/Szegzárdy-Csengery, Vlg. Philipp von Zabern, 733 S., 49,90 €.
Mit 900 großartigen, davon 810 farbigen Abbildungen und Fotos – ein echter Schatz für Liebhaber.

Die Schalen des Zorns
Marco Schank, Op der Ley 224 S., 13,90 €.
Spannender Kriminalfall vor historischem Hintergrund. 1852 wird ein mysteriöser Mord zur Belastungsprobe für die Bürger der Festung Luxemburg. Politische Spannungen zwischen Frankreich und Preußen gefährden das noch junge unabhängige Großherzogtum.

Spur aus der Vergangenheit
Dirk Münchow, 2005. Ahead and Amazing Verlag, Husum, 220 Seiten (plus Audio-CD)
Als Krimi nichts Besonderes, aber der Leser lernt alle Eigenarten Luxemburgs kennen.

FESTKALENDER

Mai/Juni
Gënzefest
Seit 1949 wird am Pfingstmontag das Ginsterfest in Wiltz gefeiert. Umzüge mit geschmückten Wagen, Konzerte und Theateraufführungen.
Springprozession in Echternach
Über 10 000 Pilger und zahllose Schaulustige zieht es jeden Pfingstdienstag zur Springprozession zu Ehren des hl. Willibrord, der 739 in Echternach starb. In rhythmischen Schritten bewegen sich die Prozessionsgruppen vormittags durch die engen Gassen Echternachs, begleitet vom Polka-Rhythmus der Musikkapellen.
Di nach Pfingsten von 9-13 Uhr

22. und 23. Juni
Nationalfeiertag
In jeder größeren Gemeinde finden am Vorabend des 23.6. patriotische Umzüge und Feuerwerk statt. Am 23.6. Militärparade in der Hauptstadt.

Juli
Europäisches Theater- und Musikfestival
Freiluft-Festival in Wiltz mit dem Lëtzeburger und französischem Theater, Jazz, Ballett und Tanz, Bachkonzerten, symphonische Konzerte, klassische Gitarre, deutsches Schauspiel und Oper. Meist dient die Burg als Kulisse. Während des ganzen Monats am Wochenende (abends) sowie an ein oder zwei Wochentagen.
Programm und Karten: Festival Européen Rue du Château, 9516 Wiltz Tel. 95 81 45, Fax 94 93 10 www.festivalwiltz.lu

August/September
Schueberfouer (Schobermesse)
1,5 bis 2 Mio. Menschen besuchen diese 14-tägige größte Kirmes weit und breit, die 1340 von König Johann begründet wurde.
Ende Aug./Anfang Sept.

September
Weinfeste
In Grevenmacher wird das Wein- und Traubenfest mit Wahl der Weinkönigin, Tanz und Umzügen groß gefeiert. Greiveldange und Schwebsange veranstalten auch Weinfeste.

Das Land in Zahlen

Einwohnerzahl 460 000 davon 39,6 % Ausländer
Fläche 2586 km²
Religion mehr als 80 % römisch-katholisch
Sprachen Die Luxemburger sind dreisprachig. Französisch, Deutsch und Lëtzebuergesch sind offizielle Amtssprachen, wobei Lëtzebuergesch die Umgangssprache, aber erst seit 1984 Nationalsprache ist. Sie gehört zu den moselfränkischen Mundarten mit eigener Literatur, eigener Grammatik und verbindlicher Rechtschreibung und hat sogar noch regionale Unterschiede.
Wirtschaft In der europäischen Finanzmetropole Nummer eins haben sich 155 Banken aus vielen Ländern der Welt niedergelassen. Das Banken- und Versicherungswesen bestimmt damit zum Großteil die Wirtschaftsstruktur des Landes. Zudem nimmt die Telekommunikation einen bedeutenden Platz ein. Der Schwerindustrie im Süden verdankt Luxemburg seine wirtschaftliche Eigenständigkeit. Seit der Eisen- und Stahlkrise in den 1960er-Jahren wird versucht, im Süden anderen Industriezweigen Anreize zu bieten. Das Pro-Kopf-Einkommen ist in Luxemburg höher als in den Nachbarländern.

Enorm befestigt und ständig belagert: Luxemburg im Jahre 1684

INFO SERVICE

schen Südens der Niederlande vom protestantischen Norden („Belgische Revolution“).
1839 Dritte Teilung: 4320 km² gehen als Provinz Luxembourg an das jetzt unabhängige Belgien. Das Großherzogtum schrumpft auf 2586 km².
1848 Luxemburg erhält eine eigene Verwaltung und eine liberale Verfassung; die Freiheitsrechte werden wenig später wieder eingeschränkt.
1867 Im Londoner Vertrag wird die Neutralität Luxemburgs festgeschrieben und das Schleifen der Festung beschlossen. Die preußische Garnison muss abziehen.
1868 Neue liberale Verfassung, sie gilt in Grundzügen bis heute.
1890 Vollständige Unabhängigkeit: Nach dem Tod König Wilhelms II. endet die Personalunion mit den Niederlanden. Adolf von Nassau-Weilburg wird Großherzog.
1914-18 Luxemburg wird im I. Weltkrieg trotz Neutralität von deutschen Truppen besetzt.
1940-45 Die deutsche Wehrmacht besetzt 1940 das neutrale Großherzogtum. Befreiung 1944/45 (Ardennenoffensive).
1952 Luxemburg wird erster Verwaltungssitz der Montanunion, der Europäischen Gemeinschaft für Kohle und Stahl.
1967 Die allgemeine Wehrpflicht wird abgeschafft.
1984 Lëtzebuergesch wird Nationalsprache und Amtssprache neben Französisch und Deutsch.
1985 Am 14. Juni unterzeichnen Belgien, Deutschland, Frankreich, die Niederlande und Luxemburg auf der Mosel das Schengener Abkommen (Wegfall der Kontrollen an den Binnengrenzen der Mitgliedsländer, später Erweiterung).
1995 Luxemburg ist europäische Kulturhauptstadt. Ein Jahr lang finden mehr als 500 Veranstaltungen statt.
2000 Henri von Nassau-Weilburg übernimmt das Amt des Großherzogs von seinem Vater Jean (regierte seit 1964).
2007 Luxemburg ist erneut europäische Kulturhauptstadt.

AUSKUNFT

Luxemburg-Stadt
Im Bahnhof erhalten Sie Informationen über das ganze Land.
Pl. de la Gare
Tel. 42 82 82 20 oder 48 11 99, Fax 42 82 82 30

Luxemburg City Tourist Office
30 Place Guillaume II (neben dem Rathaus), Postfach 181
2011 Luxembourg
Tel. 22 28 09, Fax 47 48 18
www.lcto.lu, touristinfo@lcto.lu

Clervaux
Im Burghof, 9712 Clervaux
Tel. 92 11 42, Fax 92 93 12
www.tourisme-clervaux.lu

Esch-sur-Sûre Naturparkzentrum (Maison du Parc)
Information über die Region in der ehemaligen Tuchfabrik. Ganzjährig.
15, Route de Lultzhausen
9650 Esch-sur-Sûre
Tel. 899 33 11
www.naturpark-sure.lu
info@naturpark-sure.lu

Vianden
1, Rue du Vieux-Marché
9419 Vianden, Tel. 83 42 57 und 84 93 25, Fax 84 90 81
www.vianden.eu

Wiltz
Im Schloss, 9516 Wiltz
Tel. 95 74 44, Fax 95 75 56
www.wiltz.lu

Echternach
Porte St-Willibrord (im Hof der Basilika), 6401 Echternach
Tel. 72 02 30 und 72 04 57
www.echternach-tourist.lu

Grevenmacher
10, Route du Vin (nahe der Mosel), 6701 Grevenmacher
Tel. 75 82 75 und 75 84 12
Fax 75 86 66
www.grevenmacher.lu (Faltblatt über Kulturellen Rundgang)

Mondorf-les-Bains
26, Avenue des Bains
5601 Mondorf-les-Bains
Tel. 66 75 75, Fax 66 16 17

❶ Staatssparkasse ❷ Großherzog-Adolph-Brücke ❸ Place Guilla
❺ Unterstadt/Grund ❻ Plateau du Rham ❼ Abtei Neum

Remich
Esplanade, 5533 Remich
Tel. 23 69 84 88
Fax 23 69 72 95
www.remich.lu

Esch-sur-Alzette
City Tourist Office
Am Rathaus
Rue Bolten, 4004 Esch-sur-Alzette Tel. 54 16 37
Fax 54 73 83-678
www.esch-city.lu, www.sud.lu

ALLGEMEINES

Zahlungsmittel
Währung ist der Euro. Kreditkarten, EC-Karten und Bankautomaten sind Standard

Luxemburg-Card
Freier Eintritt in viele Sehenswürdigkeiten und kostenlose Benutzung von Bussen und Bahn. Für einen Tag kostet die Karte 10€/Person, Familien bis zu 5 Personen 20€. 2 und 3 Tage günstiger. Verkaufsstellen: Hotels, Campingplätze, Sehenswürdigkeiten, öffentliche Transportmittel und bei den Informationsbüros.

Telefon
Öffentliche Fernsprecher werden zunehmend auf Telefonkarten (bei der Post und an Kiosken) umgestellt. Nach 19 Uhr sind Telefonate ins Ausland billiger. Luxemburger Vorwahl von Deutschland und der Schweiz: 003 52, von Österreich 004 32. Das Mobilfunknetz ist fast flächendeckend.

Trinkgeld
In den Endpreisen enthalten. Trotzdem ist es üblich, im Restaurant den Betrag aufzurunden bzw. etwas Trinkgeld auf dem Tisch zu lassen.

BÜCHER

Die Luxemburger
Jörg K. Hoensch, Urban Taschenbuch, 368 S., 16 €.
Ein hervorragendes Buch über Adel, Politik, Ökonomie und die sozialen Grundlagen im Mittelalter. Geschrieben in einer bestechend klaren Prosa.

Luxemburger Lexikon
Das Großherzogtum von A-Z Georges Hausemer, Editions Guy Binsfeld, 478 S., 49,90 €.
Umfassendes Nachschlagewerk über Geschichte, Politik, Gesellschaft, Wirtschaft und Kultur des Großherzogtums Luxemburg.

Luxemburg kulinarisch
Edition Guy Binsfeld, Georges Hausemer, Guy Hoffmann, Sylvie Bisdorff, 240 S., 350 Fotos, 98 €.
Die bekannte Köchin Sylvie Bisdorff hat aus ihrem reichhaltigen Repertoire 100 original luxemburgische Rezepte ausgewählt. Der reich bebilderte Band ist auch eine Geschichte der luxemburgischen Kochkunst, ein spannender Streifzug durch das Land zu Schnapsbrennern, Imkern, Kleingärtnern, Jägern und Käseproduzenten.

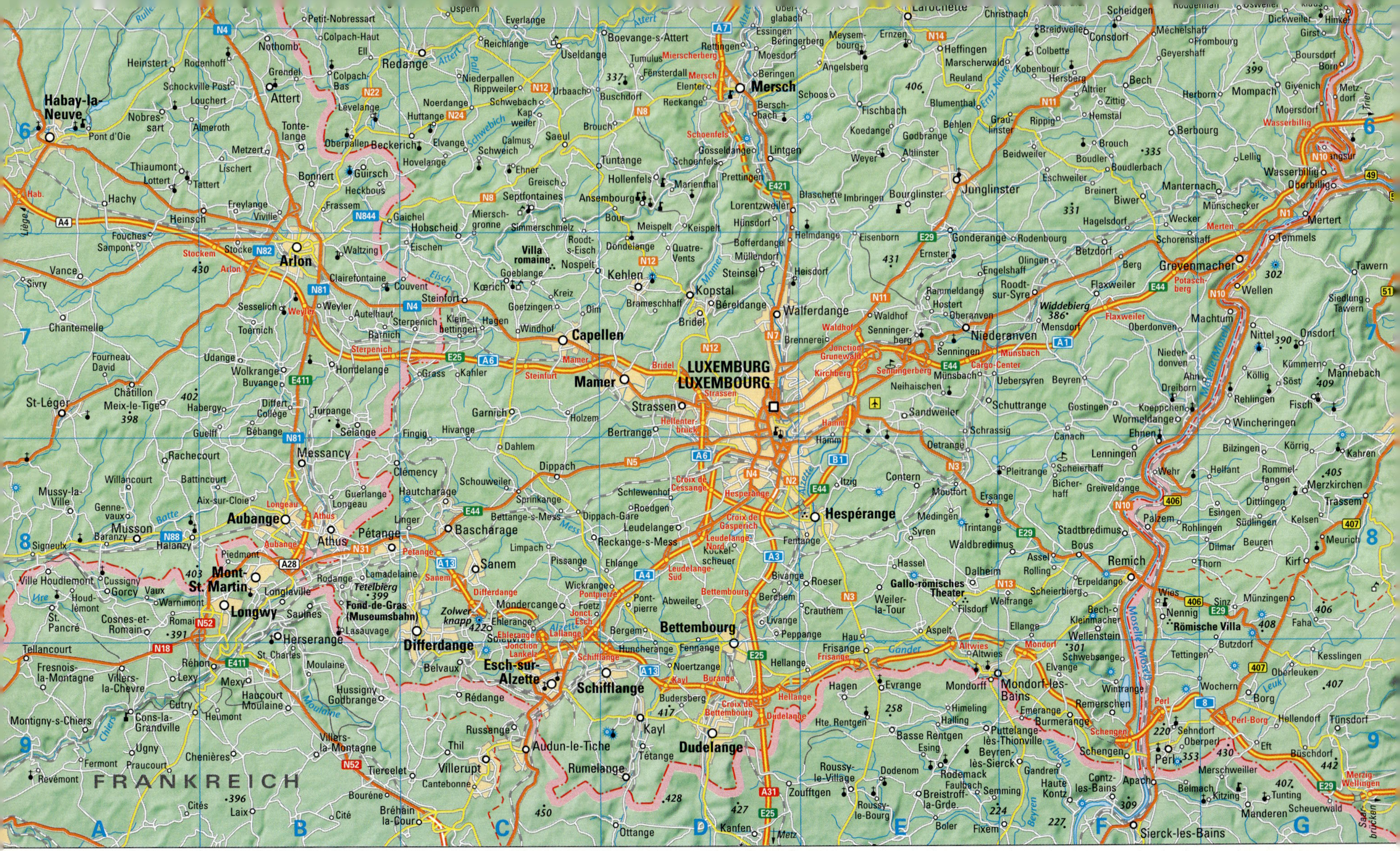

Orte	
Asselborn	C 2
Bavigne	B 4
Beaufort	F 5
Bech-Kleinmacher	F 8
Hoscheid	D 4
Junglinster	E 6
Lameschmillen	C 3
Larochette	E 5
Lellingen	D 3

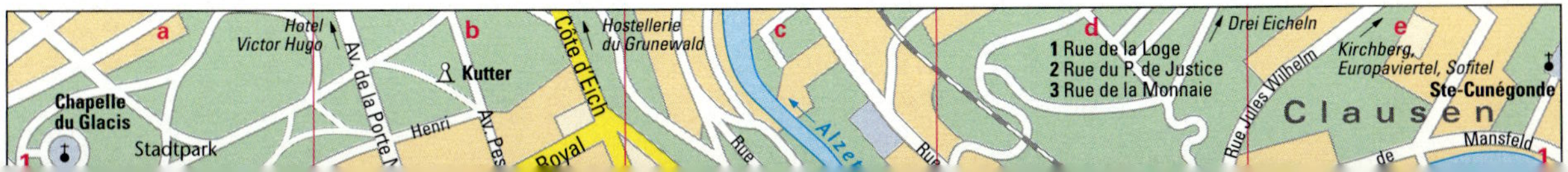

Brüssel
NL
Aachen
Köln
Bonn
BELGIEN
DEUTSCHLAND
Frankfurt a. M.
Rhein
Mosel
LUXEMBURG
LUXEMBURG
Trier
Saarbrücken
FRANKREICH
Straßburg

Luxemburg-Stadt
0
300 m
Sehenswürdigkeit, öffentl. Gebäude
Kirche
Information
Museum
Denkmal
Markt
Busbahnhof
Bahnhof
Fußgängerzone
©MERIAN-Kartographie
Pfaffenthal
Centre
Grund
Gare
Bonnevoie
Bockfelsen
Alzette
Petruß
Flughafen
Soldatenfriedhöfe
Batty Weber
Villa Vauban, Städtische Kunstgalerie J.-P. Pescatore
Radio-Télé-Luxembourg
Victor Hugo
Gandhi
Palais Episcopal
Parc
Bibliothèque Municipale
Casino
Pl. d'Armes
Cercle Municipal
Théâtre des Capucins
St-Alphonse
Palais de Justice
Trois Tours
Marché aux Poissons
National-mus. für Geschichte und Kunst
Hospice Civil
Goethe-Gedenkstein
Millénaire
St-Michel
Bockkase-matten
Natur-historisches Museum
Abbaye de Neumünster, Centre Culturel
Nationalmus. für Naturgeschichte
Plateau du Rham
Groß-herzogliches Palais
Pl. Guillaume II
Rathaus
National-bibliothek
Liebfrauen-kathedrale
Geschichtsmus.
Trinité
Archives Nat.
Hl.-Geist-Plateau
Lift
Armée
Monument de la Solidarité Nationale
Citadelle du St-Esprit
Goldene Frau
Petrußkase-matten
Pl. de la Constitution
Pl. de Bruxelles
Großherzog-Adolph-Brücke
Passerellebrücke
Musée de la Banque
Staats-sparkasse
Pl. de Metz
ARBED
Galerie am Tunnel
Pl. des Martyres
Sacré Cœur
Clinique Ste-Thérèse
Place de Paris
Pl. de la Gare
Hauptbahnhof
Postmuseum, Straßenbahn- und Busmuseum
Pl. de Strasbourg
Sûreté Publique
Lycée Techn.
Tour d'Altmünster
Boulevard Royal
Avenue Monterey
Avenue Emile Reuter
Avenue Marie-Thérèse
Boulevard F. D. Roosevelt
Avenue de la Liberté
Avenue de la Gare
Boulevard de la Pétrusse
Boulevard d'Avranches
Boulevard du Général Patton
Boulevard de la Fraternité
Rue de Trèves
Montée de Clausen
Rue Sigefroi
Rue Adolphe Fischer
Rue de Strasbourg
Avenue Ch. de Gaulle

MERIAN | RÜCKBLICK

Heavy Metal

Die ARBED, das stahlharte Herz des Landes

Das Traditionsunternehmen **ARBED** (frz. Abkürzung für Vereinigte Stahlwerke Burbach, Esch und Dudelange) ist eng mit der Geschichte Luxemburgs verbunden, das aus einem verschlafenen Agrarländchen zu einem Montanriesen mit der einst weltweit höchsten Pro-Kopf-Stahlproduktion wurde.
Nach der Wiederentdeckung der **Eisenerzlager im Minettebassin** vor rund 130 Jahren wurde im Süden des Landes ein Hochofen nach dem anderen auf den teilweise sumpfigen Boden gestellt. Die Betriebe in **Schifflingen, Rumelange, Rodange** und anderen Orten stellten aus dem phosphorreichen Eisenerz Roheisen her, das überwiegend nach Deutschland verkauft wurde. Bald ermöglichte die neu erfundene Thomasbirne das Schmelzen des Rohprodukts zu hochwertigem **Stahl**, und das Abfallprodukt Schlacke machte aus den Böden im Norden des Großherzogtums fruchtbares Ackerland.
1882 wurde in Dudelange **das modernste Stahlwerk der Welt** errichtet. Aus dem 1064 Einwohner zählenden Städtchen wurde in kurzer Zeit eine blühende Industriestadt. Die Menschen strömten „in die **Schmiede des Südens**", wenn auch die Arbeits- und Wohnbedingungen miserabel waren. Noch 1918 wurde bis zu 11 Stunden am Tag gearbeitet, in den Hütten an jedem zweiten Sonntag sogar 24 Stunden.
Mit dem **Zusammenschluss** der meisten Gesellschaften wurde 1911 der Grundstein für den Riesenkonzern **ARBED** gelegt, aus dem in den folgenden Jahrzehnten ein **weltweites Imperium** entstand. Doch der traditionsreiche Stahlproduzent Luxemburg geriet ins Hintertreffen, als im Ausland immer größere und modernere Betriebe produzierten. Ende der 1970er Jahre fiel die **Stahlindustrie in eine tiefe Krise**. Die ARBED musste verkaufen und rationalisieren. Nach vielen Demonstrationen und Protesten blieb von Rodingen bis Düdelingen nicht mehr viel.
Im November 1980 waren bereits **11 000 Arbeitsplätze abgebaut**, der Großkonzern stand vor dem Konkurs. Die **Arbeiter** mussten Solidaritätsopfer bringen, **Staat und Banken** das Unternehmen mit großen Summen stützen.
1985 wurden wieder **schwarze Zahlen** geschrieben. 2002 fusionierte die ARBED mit USINOR und ACERALIA zu **ARCELOR**. Im Juni 2006 entstand durch die Vereinigung von ARCELOR und MITTAL **der weltweite Marktführer** unter den Stahlproduzenten mit Sitz in Luxemburg.

GESCHICHTSDATEN

1. Jh. v. Chr. Die Römer richten Stützpunkte im heutigen Gebiet Luxemburgs ein. Durch das Land führen Fernstraßen nach Trier, Lyon und Köln.
3. Jh. n. Chr. Einfall germanischer Stämme.
5. Jh. Franken an der Macht.
698 Der angelsächsische Missionar Willibrord gründet dasKloster Echternach.
882 Wikinger dringen über die Mosel ins Land vor und plündern Remich.
963 Luxemburg wird Grafschaft. Ardennergraf Siegfried tauscht seine Ländereien gegen die Festung auf dem Bockfelsen, dessen Name Lucilinburhuc (Kleine Burg) erstmals urkundlich erwähnt wird.
1083 Gründung der Benediktinerabtei Altmünster.
1308 Heinrich VII., Graf von Luxemburg, wird deutscher König, vier Jahre später Kaiser des Heiligen Römischen Reiches.
1310 Heinrichs Sohn Johann („der Blinde") erhält die Grafschaft und wird König von Böhmen.
1354 Johanns Sohn Kaiser Karl IV. erhebt die Grafschaft zum Herzogtum, Halbbruder Wenzel I. wird erster Herzog.
1437 Mit Sigismund stirbt der letzte römisch-deutsche König und Kaiser aus dem Hause Luxemburg.
1443 Das Herzogtum kommt zu Burgund. Beginn einer fast 400-jährigen Fremdherrschaft.
1506-1684 Herrschaft der spanischen Habsburger, Luxemburg wird Teil der Spanischen Niederlande.
1659 Erste Teilung: Der Süden geht an Frankreich verloren.
1684-98 Französische Herrschaft unter Ludwig XIV. Vauban baut die Festung zum „Gibraltar des Nordens" aus.
1690-1714 Zweite spanische Herrschaft.
1714 Nach dem Spanischen Erbfolgekrieg wird Luxemburg Teil der Österreichischen Niederlande.
1795 Zweite französische Herrschaft nach Belagerung durch Revolutionstruppen.
1815 Zweite Teilung: Der Osten des Landes geht an Preußen, das verbleibende Gebiet wird nominell souveränes Großherzogtum, faktisch eine Provinz des Vereinigten Königreichs der Niederlande. König Wilhelm I. ist in Personalunion luxemburgischer Großherzog.
1830 Die Luxemburger beteiligen sich am Abfall des katholi-

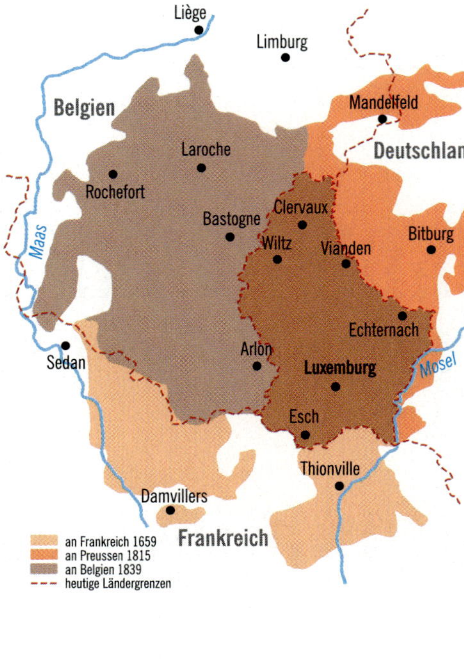

VON DER MAAS BIS AN DIE MOSEL UND VON ESCH BIS MANDELFELD Das Luxemburg des 17. Jahrhunderts hatte die vierfache Größe des heutigen Großherzogtums

Luxemburgs Herrscherpaar in Hermannstadt, dem Zentrum der Siebenbürger Sachsen

MERIAN | KULTURHAUPTSTADT II

Hinter den Wäldern

Auch Hermannstadt in Rumänien ist 2007 Kulturhauptstadt. In Siebenbürgen, besser bekannt als Transsylvanien, leben heute Nachfahren der Luxemburger, die vor 850 Jahren auswanderten

Als der Stadtpfarrer von Hermannstadt vor drei Jahren den Großherzog von Luxemburg begrüßte, tat er es mit den Worten: „Mer fran es, dat Er ku set". „Wir freuen uns, dass Ihr gekommen seid", sollte das heißen, der Gast aus dem Westen verstand jedoch nicht recht, man verständigte sich im weiteren auf Deutsch und Französisch. Der Pfarrer hatte sich seiner Siebenbürger Heimatsprache bedient, und das nicht ohne Grund. Sprechen die Siebenbürger doch ein altes Moselfränkisch, dass dem Lëtzebuergeschen sehr nahe ist.

Grund des hohen Besuches waren die gemeinsamen Aufgaben als Kulturhauptstädte Europas, denn mit dieser Auszeichnung ist nicht nur Luxemburg und seine Region bedacht worden, sondern auch Sibiu, wie Hermannstadt auf Rumänisch heißt.

Die Siebenbürger sind Zeugen einer längst vergangenen Zeit, die auch schon von dem Thema bestimmt war, das heute Motto der Kulturhauptstadt Luxemburg ist: Migration. Der ungarische König Géza II. (Regierungszeit 1141-1162) hatte Siedler ins Land gerufen. Ungarn war noch kein stabiler Staat, eher ein Gebiet, das von wilden Reitern von jenseits des Ural besetzt war. Géza brauchte ergebene und fleißige Untertanen, seine Boten machten ein unglaubliches Angebot: nicht nur Landbesitz, sondern vor allem Herrschaftsfreiheit. Das Land auf dem Balkan sollte den Siedlern gehören und niemandem sonst, keinem Grafen, keinem Fürsten. Und das hieß Freiheit von Abgaben und Frondiensten, ein Leben, von dem ein Luxemburger Bauer nur träumen konnte.

Das ließen sich die mittelalterlichen Moselaner nicht zweimal sagen: Sie zogen nach Transsylvanien, in das Land hinter den Wäldern, und blieben. Die Siebenbürger Sachsen bauten Burgen, mit Kirchen darin und Platz für alle Dorfbewohner, für Mann und Frau und Kind und Vieh und Vorrat. Diese wuchtigen Anlagen sind bis heute die Wahrzeichen des Landes, und etliche von ihnen wurden von keiner der vielen Mächte, die sich auf dem Balkan austobten, erobert. Länger als 700 Jahre haben sie sich eine zum Teil komplette Selbstständigkeit bewahrt, eigene Gerichtsbarkeit, eigene Schulen und Theater, eigene Verwaltung, eigene Gesetze. Organisiert in „Nachbarschaften", den Versammlungen einiger Straßen, in Frauenschaften, Männerschaften, Mädchenschaften und Jungenschaften regelten sie ihre Angelegenheiten selbst, ob unter ungarischer, deutscher, türkischer, habsburgischer oder kommunistischer Herrschaft.

Diese offensichtliche politische Freiheit ging allerdings einher mit einem ungewöhnlich reglementierten sozialen Leben. Jedwedes Verhalten, ob im Beruf, in der Freizeit, zwischen Jungen und Mädchen und sogar in der Ehe wurde beobachtet, beurteilt und in der Nachbarschaft zur Sprache gebracht. Eine totale Kontrolle, allerdings ohne die Zwangsmaßnahmen einer feudalen Herrschaft.

Noch weit ins 20. Jahrhundert lebten die Sachsen, wie sie es seit dem Mittelalter kannten, bauten ihre Häuser selbst, gingen vollzählig zum Gottesdienst, kultivierten ihre Blasmusik und aßen auf dem Feld ihr süßes Brot, den Hanklich.

Nach dem Zweiten Weltkrieg begann die erneute Wanderung der Siebenbürger: Sie gingen in großer Zahl nach Deutschland, erstaunlicherweise nicht nach Luxemburg. Nach 1989 wurde diese Bewegung zum Massenphänomen. Von 250 000 Siebenbürgern, die in den sechziger Jahren in Rumänien lebten, sind heute nur noch 20 000 geblieben.

Traumschön: Tausende von Inseln zieren die Ha-Long-Bucht

Verwirrend: tägliche Rushhour im alten Händlerviertel Hanois

Kunstvoll: Handgemachte Lampions de luxe aus Seide gehören zu den feinsten Souvenirs

Vietnam

Die wunderbare Symbiose aus Anmut und Aufbruch

3300 Kilometer Küste, fast unzugängliches Bergland, dynamische Städte, gewaltige Ströme, glitzernde Reisfelder, bunte Pagoden, köstliche Speisen und vor allem der Charme der Einheimischen, die optimistisch in die Zukunft schauen: Vietnam ist das neue Lieblingsziel der Asienreisenden

> Hanoi: Die „feine Dame“ verwandelt sich in eine Metropole
> Easy Rider: Vom Abenteuer einer Motorradtour abseits der Touristenströme
> Endlose Strände: Wo die Küste zum Badeparadies wird
> Aufregende Fotos: Bilder der Nachkriegszeit von Philip Jones Griffiths

Zuletzt erschienen:

Februar 2007

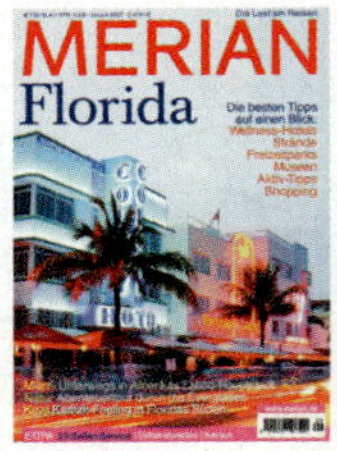

Januar 2007

Dezember 2006

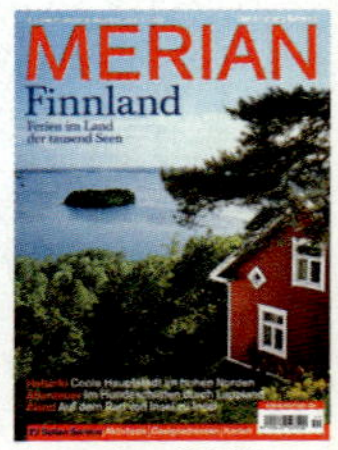

November 2006

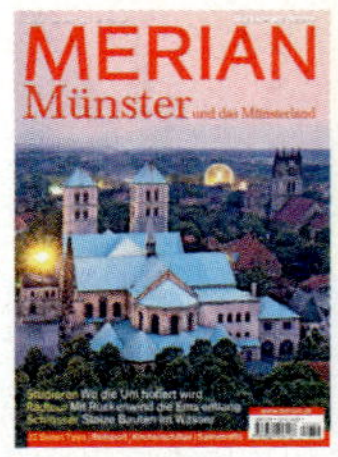

Oktober 2006

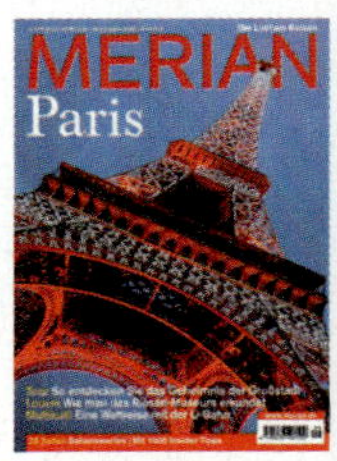

September 2006